ウ・ジョーティカ
魚川祐司＝訳

ゆるす

読むだけで心が晴れる仏教法話

新潮社

ゆるす　目次

ネガティブなことへの対処法　9

許すこと　85

DEALING WITH NEGATIVITY & AGGRAVATION,
FORGIVENESS

by

Sayadaw U Jotika

Illustration by Yuko Shinya
Design by Shinchosha Book Design Division

ゆるす

読むだけで心が晴れる仏教法話

ネガティブなことへの対処法

「ネガティブなこと」を人生から減らす

今日はとても穏やかな日ですね。雨粒が屋根や木々に落ちてきていて、催眠的にすら感じられる。この穏やかな日曜日の朝に、私はまるで穏やかでない話をするつもりです。

私はポジティブな物事、ポジティブな考え、美しい考えについて話すのが好きです。ポジティブな物事についてより多く話したり考えたりすれば、より多くのポジティブなことが私たちの人生には起こりますからね。このことは本当に大切です。多くの人々が、たくさんのネガティブな物事について考えていることに私は気づいています――人々に関して、人生に関して、現状に関して、自身に関して、天気に関して、政府に関して、そして世界全体に関してですね。もちろん、たくさんのネガティブな物事が私たちの周囲に――私たちの内に、そして私たちの周りに――は起こります。ネガティブな物事に、ずっと留まることは無益です。しかし、結局のところ人生においてこうしたことは起こるのだし、だから私たちはそれを無視できない。私たちにはそれを、覆い隠すことはできないのです。

私たちはより注意を払い、物事をたいへん注意深く観察して理解した上で、そうしたネガティブなことを人生から減らすことができるかどうか、チェックしてみなければなりません。

ネガティブなことは、常に起こることがあるでしょう――身体に、心に、周囲に、環境に。ネガティブな物事について語る時でさえ、私たちはただ不平を言っているわけではなく、それについて何かできることを見出そうとしているのであって、つまりそれはポジティブなことなのです。ネガティブな物事について考えたり語ったりして、そこで止まってしまったら、それは純粋にネガティブなことです。その行為は役に立たない。しかし、私たちの内や周囲に起こる物事――ネガティブな物事――を観察して、それを深く理解し、それに関して自分に何ができて、どのようにそれを減らすことができるかとチェックしてみるならば、それはポジティブなことです。このことを、私たちはやらなければなりません。

そして四諦《したい》（四つの真理）について見てみると、最初の真理が苦諦《くたい》であることがわかります。もしブッダがそこで留まったのなら、ブッダは実際に悲観的（pessimistic）でネガティブな人であったのだと、本当に私たちは言うことができるでしょう。しかし、彼はそこで留まらなかった。彼は苦の原因を語り（集諦《じったい》）、苦の止滅を語り（滅諦《めったい》）、苦の止滅に導く実践を語った（道諦《どうたい》）。これはポジティブなことです。

多くの人が、仏教は悲観的であると言う。いいえ、違います。

仏教は悲観主義ではありません。
仏教は現実主義なのです。

仏教が実は楽観主義（optimism）であるということを、私は多くの仕方で言うことができます。ブッダはそれ（ネガティブなこと）に関してあなたにできることがあると教えたのだから、仏教とはとても楽観的な教えなのです。ネガティブなことに対しても、取り組む仕方というものが存在するということですね。

これは実のところ、たいへん楽観的な教えです。あなたがそれに関してできることは何もないと、もしブッダが語ったならば、それはあなたの運命ということになり、したがって悲観主義です。ブッダが言ったのは、あなたがそれに関してできることがあるということ。つまり、ある意味では、それはあなたにコントロールのできることなのです。

そんなわけで、皆さんがネガティブなことについて理解し、それを減らすようになることを願いつつ、今日はネガティブなことについてお話しすることにしましょう。

心と身体の効率性

現代において、私たちは技術と効率性について多くを語ります。例えば、あなたの車のエンジンが疲弊していたり、チューニングに難があったりすれば、その車は非効率であるということになる。その車を運転しても、ガソリン一ガロンあたりの最長の走行距離を、引き出すことはできないということです。ある車は一ガロンで三十マイル走れますし、ある車は十五マイルしか走れないかも知れません。車の大きさにもよるでしょうけどね。

いずれにせよ、私たちは効率性について多くのことを考える。今日では家を建てる際にさえ、それが効率的になるように建てるにはどうすればよいかという点に関する多くの考えを、私は耳にします。家を暖かく保ったり涼しく保ったりするために、あまり多くの電力を使う必要はない。絶縁材を施し、効率性について考えることこそが、必要とされているのです。

同じように、私たちは自分の人生、自分の心と身体における効率性について考えなければならないと、私は思います。人生においてネガティブなことが起こった時、それは私たちの身体と心の効率性を引き下げてしまう。そしてまた、私たちが人々と接する時、一部の人たちはネガティブなことについて何度も繰り返し語りますが、それについて何らかの対処をするように言うと、彼らは自分にできることは何もないと言う。彼らはただ、それについて話したいだけなのです。

そうした人々に会っていますと、彼らが何度も繰り返し同じことを語っているのを、私は何度も繰り返し耳にすることになりました。助けてあげたいと思っても、彼らは助けられることを望んではいないのです。彼らはただ、自身のネガティブな問題について話したいだけ。そうした場合、あなたには何ができるでしょう？　自分にできることが本当に何もないと思うのであれば、あなたには彼をそれ以上どうやっても助けてあげることができないのだから、いちばんいいのは彼のもとから去ることです。しかし、あなたに助けてあげることがもしできるならば、その場合には助けてあげる価値があります。エネルギーを無駄遣いすることはありません。

多くの仕方で、自分のエネルギーを多く無駄遣いしている人たちはたくさんいます。しっかりとチューンアップされていなかったら、車はエネルギーを無駄遣いする。あるいは、家がしっかりとデザインされておらず、しっかりと絶縁されていなかったら、それは非効率です。自分のできることを行わないまま、自身の問題について語っている人たちもまた、非効率なのです。彼らはただ、自分のエネルギーを無駄遣いしているだけです。

「無駄な仕事」が心を消耗させる

仕事においてもまた、一部の人々は自分がとても一生懸命働いていると言います。彼らは何かを行ってそれを終わらせ、その仕事を上司に提出する。そしてある人が語ったところでは、彼の上司は彼の仕事の成果をただ脇へ置いて、それを使わなかったのだそうです。それで彼は、たいへんな無力感を味わいました。彼は何ヶ月ものあいだ、とても一生懸命働いてきたのに、彼の仕事は有益だと見なされなかったのです。上司たちは、仕事の対価は払うし、十分な金を渡したはずだ、と言うかも知れない。しかし、お金は全てではありません。満足して、自分の仕事が人々にとって有益であったと感じる必要が、私たちにはあるのです。人を罰するための、とても、とても残酷な方法の一つは、その人に何か無益なことをやれと命ずることです。

小さな犯罪を犯して逮捕され、刑務所に入れられた人たちに対して行われた、ある心理学の実験があります。当局がそうした人たちに対して実験を行うことを、心理学者たちに許可したわけですね。彼らは受刑者たちを二つのグループに分けました。一つのグループには、砂をある場所から別の場所へ運ぶように命じ、全ての砂を運び終わったら、彼らはその同じ砂を、元の場所へ再び戻すように言われるのです。そして、このことを何度も繰り返すよう彼らは命じられました。

もう一方のグループの人たちは、土を運んで道路を作るように命じられました。彼らは石や土を運び、道路を舗装したのです。両グループは、同じ時間に同じだけの仕事をするように命じられました。第一のグループは、とても抑鬱《よくうつ》的で病んだ状態になり、第二のグループは、とても幸福でエネルギッシュな状態になった。

彼らは同量の仕事を行っていて、ただ土と砂と石を、一つの場所から別の場所に運んでいたという点については、同じであったにもかかわらずです。なぜこんなことが起こったのでしょう？　そこに本当の満足があったから——つまり第二のグループは、意味があって有益なことを行っていたからです。彼らは、自分たちが人々のためになることをやっていると感じていた。彼らは道路を作っていました。そのことが、彼らにはとても嬉しく感じられていて、疲れの程度は第一のグループと同じであっても、精神的には、彼らは疲れを感じることがありませんでした。抑鬱的になることがなかったのです。

効率的であることはとても大切です。
自分自身と他の人々のために、
私たちはどれほどの有益な仕事を
行っているでしょうか？

お金や時間が徐々になくなっていってしまうのを、手を拱《こまぬ》いたまま傍観している人はいないでしょう。お金をもっている時は、それを投資したいと人は思う。何かの株を買って、株式市場を注視するのです。そして、株を買った会社の価値がどんどん下がっていると耳にしたら、その株は可能な限り早く売ってしまいます。お金を失いたくはないですからね。自分のお金を、無駄にしたくはないのです。

そうして、いくらかお金になり、利益が出ると信じられる別の株を買うことにする。私たちは、こうしたことを多く考えます。それは自分のお金を無駄にしないためですが、しかし時間やエネルギーについてはどうでしょう？　自分の時間とエネルギーです。私たちは、たくさんの時間とエネルギーを無駄遣いしています。だから私たちには時間が足りない。あまりにも多くの時間を、無駄遣いしているのです。ただ座って三〜四時間もテレビを見ているとか、そういうのはただの時間の無駄遣いです。娯楽ですらもはやない。それは一種の中毒になってしまっています。あなたは、それが本当に楽しいと思っているわけではないのですから。そんなわけで、お金や時間が徐々になくなっていってしまうのを、手を拱いたまま傍観している人はいないでしょうが、心のエネルギーやそのあり方につい て気にかけている人は、非常に少ないように見えます——ええ、心のエネルギーと、そのあり方についてです。

「苛立ち」を観察する

自分が一日のあいだ何を考えているかということを、観察するのはとても大切です。思考を観察することを、

心随観（cittānupassanā）と言うのです。

あなたは一日のあいだ何を考えていますか？　何かの問題について考えていて、それについて何もしていない、もしくはできないのに、ただ一日中ぐるぐると考え続けているのであれば、あなたはただ、自分の心のエネルギーを無駄遣いしているのです。あなたはまた、身体のエネルギーも無駄遣いしている。とても疲れてしまいますし、創造性も失ってしまいますからね。

落ち着いて安らぎに満ち、マインドフル（気づきを保っている）である時に、人はより創造的になります。その人は物事をより明晰に見て、様々な考えを組み合わせて物事を行うよりよい仕方を見出すことができ、そして新しい考えと新しい物事を創り出すためのよりよい道もまた、発見することができるのです。

しかし、何かネガティブなことを考えていて、そのことについて何もしていない、もしくはできないのに、ただひたすらそれを考え続けている時には、あなたは自分の時間を単に無駄遣いしていることになります。そこで、自分が一日のあいだどんな種類のことを考えているかについて、より多くの注意を払ってみるならば、無益な思考がその大きな割合を占めているということに、あなたは気づくことになるでしょう。

絶えず苛立ちを抱えているということは、心のエネルギーやそのあり方を、もっとも酷く損なってしまうものの一つです。

苛立ち（aggravation）――これは、あなたに腹を立てさせるもとになるものです。癇《かん》に障ったり、怒りを感じさせられたりする日々の状況の中で、あなたはどれほどの苛立ちを抱えることになるでしょうか？　これはあなたの心のあり方によることです。それほど多く反応しない人たちもいるのですが、彼らは自分の落ち着きと安らぎ、そして平静さを、実にしっかりと維持しているのです。しかし一部の人たちは、目を覚ました瞬間に考えはじめる。「ああ……、また一日がはじまった……」。既に悩んでいるのです。新しい一日がはじまったという、ただそのことによって、彼らは不幸になっている。

ですから、朝に目覚めたらすぐに、瞑想し、マインドフルになり、思考に注意を払うことが、とても大切なのです。

もしそうすることが習慣になったなら、朝のあなたに最初に起こることは瞑想であり、落ち着きであり、安らぎであり、マインドフルネス（気づきを保っておくこと）であるということになります。そしてこのことは、あなたの心を一つのあり方に、即ち、落ち着いて安らぎに満ち、反応しないという精神的態度へと、至らせることになる。

マインドフルネスとは反応しないことです。
反応はマインドフルネスではありません。
反応は自由ではないのです。
反応とは、一つの牢獄です。

とにかく他人を褒めてみる

絶えず苛立ちを抱えているということは、心のエネルギーやそのあり方を、もっとも酷く損なってしまうものの一つです。何かが都合よくいかなかったら、例えば、今日は雨が降っていますが、たぶん私は、雨が降っていることをとても幸せに感じています。しかし、一部の人々にとっては、「ああ、また雨が降っている！」ということになるでしょう。苛立ちとはこういうことです。つまり心が乱されることを、自分自身に許しているということなのですよ。

ある人々は、多くの物事、ほとんど全ての物事について、そのポジティブな面を見ることができます。私はある先生を知っているのですが、実はその人は既に亡くなった私の先生で、偉大な師僧であり、そして多くの弟子をもっていた方でした。彼はまた、非常に大きな寺、僧侶のための一種の大学をつくった人でもあった。そして、彼はいつもポジティブで、他人については、常にそのよい面を語る人でした。

彼にはたくさんの同時代の友人がいて、とてもフレンドリーな付き合い方をしていましたから、彼らは互いに友達のような話し方をすることができました。その友人のうちの一人で、彼よりは年下でもあった人が、彼に次のように言ったのです。「サヤドー（尊師、長老）、あなたはいつも、他人のどこかを褒めていますね。そこで、一つお訊きしたいことがあります。ここには頭がおかしくて、気がふれた僧侶が一人います。彼のどこを褒めることができるでしょうか。彼について、何かよい面を言うことができるでしょうか。教えてください」。

サヤドーがどう答えたかわかりますか？「彼は音を一切たてずに、実に静かに歩く。まるで猫のようだ。彼は決して音をたてない」。このサヤドーは、その気がふれた僧侶についてさえ、褒めるべきところを常に見出していたのです。

自動的に反応しない

知っておくべきとても大切なことは、あなたの性格であり、そしてあなたの気質です。しかし、「ああ、ぶつぶつと一日中不満を言うのは、私の性格なのだ」と、自分を責めたりはしないでください。私が言いたいのはそういうことではなくて、あなたには、自分の性格を変えることができるということなのです。よりマインドフルになったなら、それを変えることがあなたにはできる。非常に深いサマーディ（集中、禅定《ぜんじょう》）とマインドフルネスを育て、またいくらかの洞察智も得たならば、そのことによって、あなたの性格は変わります。

すぐに反応してしまうたちの人を、私はたくさん知っています。彼らは人生で起こる悪いことのことごとくに自動的に反応してしまい、そればかりを見てしまう。ですが、その人もとてもポジティブに、とても穏やかで、落ち着いた人になったのです。かつてある人の例をお話ししたことがありますね。彼の友人が変化に気づいて、「君はいま、実に穏やかで幸せそうだね」と言ったので、「かつての僕は、とても不幸でとても攻撃的だったけど、いまは穏やかであることを学んだんだよ」と、彼は答えたそうです。つまり、それは学ぶことの可能なものであるということ。「不幸に感じてしまうのは僕の性格なんだ。これはどうにもならない」などと言わないでください。あるいは、「子どもの頃に、そう感じるよう条件付けられてしまったんだ」とか。それは単なる条件付けに過ぎません。そうです。そのように条件付けられることが可能であったとするならば、あなたには自分自身を、穏やかであるよう再び条件付けることも可能なのです。できないはずがありません。一つの仕方で条件付けることができたのなら、別の仕方でそれをすることだって可能なのです。希望は常にある。やろうとすれば、あなたにはそれができるのです。

どんな時に怒りを感じるのか

強い苛立ちを一時間のあいだ抱えていることで、あなたは十二時間働くよりも多くのエネルギーを消費することになります。

これは本当でしょうか？　強い苛立ちを一時間抱えていることは、十二時間働くよりも多くのエネルギーを消費させる。これは、あなたがどれほど強く反応するかによることです。とくにある種の心の問題を抱えている人であれば、このことについて、「そうだ、全くそのとおりだ」と言うことでしょう。腹を立てるたびに、彼らは自分のエネルギーをすっかり失ってしまう。何もできなくなってしまうのです。彼らはただベッドに行って、横になるしかない。

ですから、自分の心の状態を注視することが、とても大切なのです。これも瞑想の一部です。あなたはどんな時に苛立ってしまうのか？　どんな時に腹を立てるのか？　ほとんどの場合、それは職場において、あるいは誰かに会った時や、外出した時でしょう。「私はどこにも行きたくありません。ただ部屋の中にいたいのです。誰も自分の部屋の中には入れたくない。そうすれば、腹を立てることもないでしょう」と、言う人たちもいます。人生をずっとそんなふうに過ごしていて、生産的であることができるでしょうか？　いいえ、できません。引きこもることなく、外に出て必要なことを行い、人々と会いながら、それでも自分の心のあり方、自分の落ち着きと穏やかさを維持すること。このことを、あなたは学ばなければならないのです。

苛立ちは、あなたの癇癪《かんしゃく》の敷居を下げます。

私たちのうちのほとんどが、くすぶる苛立ちや怒り、あるいはフラストレーションを、ほとんどの時間にわたって持続的にもっています。本当に満足するということが、私たちにはない。完全に満足している時間というのは、ほとんどないのです。

一分だけでも穏やかになってみよう

瞑想者の中には、瞑想する際に、とても落ち着いて穏やかになり、もはや苛立ちはなく、煩悶することもなく、怒りもなく、フラストレーションもない状態になる人たちがいます。彼らは、本当に落ち着いて穏やかになることができるのです。そして、もしあなたがこの種の落ち着きと穏やかさを、ほんの短いあいだ、たとえ一分間でも経験することができたなら、そのことはあなたの人生に現実的な影響を及ぼし得ます。直ちに悟ることはできないにしても、そのことはあなたの人生に現実的な効果をもつことになる。あなたはいまや、参照項（reference）をもったわけですからね。ほとんどの人には、この参照項というものがありません。

参照項をもたないがゆえに、常に不幸で、常に落ち着きを失っている人たちを、私はたくさん知っています。そこで彼らが瞑想して学ぼうとし、ほんの短いあいだであっても、とても落ち着いて穏やかな状態になることがあると、彼らは突然に変わるのです。「もうあんなふうである必要はない。私には、自分の状態についてできることがあるとわかったのだから」と、彼らは言う。そうして彼らは、ますますマインドフルであろうとします。街中や道を歩く時、働いていたり、人と会っている時でさえ、彼らはますますマインドフルであろうとする。自分の穏やかさとマインドフルネスを、維持しようとするのです。

そんなわけで、私たちにはある種の参照項が必要ですが、それはあなたの経験から得られたものでなければならず、単なる観念であってはなりません。私たちは単に聞くことや読むことから学ぶことはできない。私たちは、実践から学ばねばならないのです。

穏やかさを理解するには、
まず穏やかになる必要がある。
穏やかさとは何であって、
それを得るにはどうしたらいいかを、
ただ聞くだけでは十分ではないのです。
実践してください。
それを経験してください。

ひとたびそれを経験すれば、何事についても怒ったり、腹を立てたりする必要はないのだということを、その観点から見てとることが可能です。そうした行為は、有益なことではない。苛立ちは、あなたの癇癪の敷居を下げます。ですから、もしあなたが既にある種の苛立ちを抱えていて、そこで自分の気に食わないことをする人のことを見たり聞いたり、またそういう人に会ったりしたら、あなたは既に苛立っているわけですから、それで癇癪を起こしてしまう。時には、何でもないことに腹を立てる人がいるのを見ることもあります。ある人は、「ああ、私の父には言葉のかけようがありませんよ。何かを話しかけて、ちょっとでも言い方を間違えたら、彼は腹を立て、叫んで怒鳴り散らすのです。だから、関わらないほうがいいんですよ」と言っていました。私たちは最初から、ある種の悲しみや不幸、あるいは不満足を常に抱えていますので、だから少しイラッとさせられるだけで、癇癪を起こしてしまうことがあり得るのです。ですから、これは他人に完全な責任があるという話ではない。彼らは一定の原因をつくってはいますが、彼らが全く悪いということでもないのです。

参与するから、感情が高ぶる

人生において何事かが起こった時、あなたはそれに参与しているのです。自分がどのような参与の仕方をしているか、それを見出すように努めてください。

心理学には、「悪への参与」という言葉があります。誰が言ったのか正確なところは覚えていないのですが、この考え方について読んだことがあるのです。――これは素晴らしい考え方です。私たちは、何であれ人生において起こっていることに参与している。テレビを見ている時でさえそうです。ニュース番組を見ていて、何か悪いニュースがあると、あなたは腹を立てる。「おい、あれを見ろよ」。あらゆる種類のことが起こっています。時には、「ただの嘘だ。この人たちは嘘をついているだけなのだ」などと言うこともある。そうして腹を立てるわけです。腹を立てる時に、参与しないでそうすることなどできるでしょうか？　いいえ、できません。

あなたが現象に参与しない限り、
誰も本当の意味であなたを幸せにはできないし、
また誰も本当の意味であなたを不幸にはできません。

あなたがテレビやビデオを見ていて、そこで誰かがジョークを飛ばしているとする。あなたがマインドフルネスを保っていて、ただ音だけを聞いて言葉を聞くことがなかったなら、あなたは笑うことはありません。この考え方を、深く深く理解してください。あなたが経験する全ての感情は、あなたが参与しているから感じられるものなのです。このことを一日のあいだ、自分がどれだけやっているかチェックしましょう。参与しなければ、それはいかなる仕方でもあなたに影響を与えることがありません。参与しているからこそ、私は自分の幸福と不幸に責任があるのです。私が笑いたいと思っていなければ、誰も私を笑わせることはできない。あなたが何を言っても、私は自分の平静さを保つことができるのです。誰かがあなたをくすぐっても、参与しなければ、あなたは笑うことがない。あなたにはそれができる。その力があるのです。自分自身の力を知ってください。

私にはその力がある。
私はパワフルなのです。
私は自分の平静さを保つことができる。
私は自分の穏やかさを保つことができる。
私は自分のマインドフルネスを保つことができる。
私はパワフルなのです。

「気づき」があなたを強くする

もし「私にはそれについて何もできない」と言うならば、それはあなたに力がないということなのです。他者があなたに対して何だってできるということですよ。誰かがあなたのところにやってきて、一言であなたの心の状態をすっかり駄目にしてしまうことを許すならば、それはどういうことでしょう――パワフルなのはあなたでしょうか、それとも、彼でしょうか？　パワフルなのは彼です。彼はいつでも、あなたに対して何でもできるということになる。彼はあなたの心のあり方を、いつでも破壊してしまうことができるのです。では、その力を与えているのは誰でしょう？　あなたが、参与することによって、彼にその力を与えているのです。このことを理解したならば、あなたは自分の不幸について、責任をもっていると感じるでしょう。

苛立ちによって、あなたはちょっとしたことで簡単に動揺してしまうことが確実になるのです。

既に苛立っていたら、ちょっとしたことで、あなたは動揺することがあり得ます。自分の平静さを保つことができないわけですね。苛立ちはあなたの気づきの幅を狭めて、物事を一歩引いて見る目を奪い、時には無分別にさえします。とても怒っている時には、人は無分別になってしまう。何が正しくて何が間違っており、何が適切で何が不適切かということが、彼らにはわからないのです。そのように、強い感情はあなたの心に影響を与え、気づきの幅を狭めてしまう。気づきの幅が狭まるということは、つまり無分別になるということです。

しかし、あなたが毎日、一日中マインドフルネスの実践を行えば、気づきがどんどん育まれることになり、それはますま

す強くなってゆく。
そうしてあなたは、
何かが起こる前からマインドフルでいられるようになる。
何かが起こるより前に、
既にマインドフルになっているのです。
つまりあなたは、準備ができているということになります。

そして、そのような状態にあるならば、何かが起こったとしても、あなたは反応しないのです。

「反応」ではなく、「応答」する

反応（reaction）と行動（action）と応答（response）。この三つは似た意味をもった言葉ですが、同じではありません。それらが指しているのは、全く異なった事態です。反応というのは、自動的に起こるものです。誰かがやって来てあなたのボタンを押し、そしてあなたは自動的に反応する。自動的な反応というのは、ほとんどの場合、不健全なものです。貪欲によって反応するのであれ、あるいは怒りやプライドや、羨望や嫉妬などによって反応するのであれ、それらはマインドフルでない状態で行われるのですから、ほとんどの場合において不健全なのです。しかし、瞑想の実践を行ってますますマインドフルになり、そうして何かを見たり聞いたりした時には、私たちは反応することがありません。そこにはマインドフルネス（気づき）があって、ある種の智慧と理解が存在しているのですからね。

そこで、もし状況に対して何かをする必要がある時には、応答をすることになる。

応答は気づきと理解を伴うもので、
だからそこには自由があります。
応答には自由がある。
反応に自由はありません。

あなたは自由になりたいですか？　そうなれるかどうかは、あなた次第なのです。あなたは自分の心を訓練して、自由になることができる。もしくは自分の心を自然のままに走り回らせて、不自由になることもできるのですが、いかがでしょうか？

私たちを自由にしたり
不自由にしたりしているのは何者なのか？
それは私たちの思考。
私たちの心なのです。

私たち自身の愚癡《ぐち》（moha）――つまりは不注意、気づいていないこと、心がいま・ここにないこと（absent-mindedness）――、それが問題なのです。ぼんやりしていればいるほど、それだけ私たちは、より不自由であることになる。

マインドフルであればあるほど、

それだけ私たちは自由になる。
そして、より自由であればあるほど、
それだけ私たちは、パワフルになりもするのです。

不自由な人たちは、自分に力がないと感じるものですからね。マインドフルネスによって、あなたはよりパワフルに、より自由になるのです。あなたは自動的に反応することがなく、状況をくっきりと理解して、たとえ誰かがやって来てあなたに嫌なことを言ったとしても、その人のことをよく理解して、彼の心の状態と、なぜ彼がそう言っているのかということをわかった上で、応答をするのです。何も言わずに逃げ出す、ということではありませんよ。それは問題の解決にはなりませんからね。相手のことを理解し、状況を理解して、自分のマインドフルネスを保つのです。反応するのではなく、正しい応答をしてください。そうすれば、あなたはパワフルで自由なのであり、また自尊心を失うこともないのです。

苛立ちは罠《わな》

反応して状況をさらに悪くするようなことをしてしまったら、後にあなたは後悔することになる。後悔するのは、あまりよいことではありません。自尊心を失ってしまうことになりますからね。「私は間違ったことをした」と、あなたは感じるかもしれない。「あの人は間違ったことをしたけれども、私はもっと悪いことをしたのだ！」。そうして落ち着きを失うことで、あなたの判断力は鈍ってしまい、それが間違いの原因になる。マインドフルである時には、間違いは少なくなります。それでもまだ、いくらかの過ちは犯してしまうかもしれないけれど、それは小さなミスであって、あなたは自身を非常に素早く、大きなミスを犯すことなしに、状況に適応させることができるのです。しかし、マインドフルでない時には、あなたはひどいことをしたり言ったりすることがあり得て、するとそれを再び修正するのは、たいへん難しくなるでしょう。

間違いやミスを犯した時には、新たな苛立ちが生まれます。それによって、あなたはますます不幸になる。刺さっている棘《とげ》を抜くために、もう一つの棘でいじっていたら、それが折れてしまったようなもの。そうすることで、棘を二つにしてしまうのです。人生において、そうしたことはたくさんありますね。何かが上手くいかない時に、それに反応しすぎてしまって、間違いを重ねてしまい、問題をさらに悪化させてしまうのです。

苛立ちとは、常に存在し続ける罠。
それは罠です。
実のところ、あらゆる種類の強い感情は罠なのです。

そうした感情をもつことで、あなたは不自由になりますからね。苛立ちは人を不安定にする。人は苛立つと不安定になり、普段よりもずっとマインドフルでない状態になります。より多くのミスを犯しがちになるのです。神経質で、落ち着きを失い、不安定な状態。ミスを犯すと人は落ち着きを失って不安定になり、すると自分自身を守りたくなりますから、敢えて他人を攻撃し、もっともっと他者を非難して、それで人間関係を壊してしまう。だから、反応し過ぎないことがとても大切なのです。そうしてしまうと、あなたの人間関係は壊れるでしょうし、人々の信頼も失ってしまうでしょう。

子どもの親にとっても、このことは肝に銘じておくべき大切なことです。親たちの中には、自分たちは子どもを産んで育てたのだから、子どもに対しては何でも好きなことを言ったりやったりして構わないのだ、と考える人たちもいます。多くの他の国々において、両親たちは、子どもを所有しているのだと感じている。子どもたちに対して、自分は何をやってもよく、何を言ってもよいのだというわけです。彼らは子どもを叩き、子どもを罰する。西洋においてさえ、私はいくつか恐ろしい話を聞いています。一つ聞いたことのある話では、ある母親が、娘を寒い冬のさなかに、トイレに閉じ込めたそうです。その子は震えて凍え、「お母さん、出して」と泣き叫んでいたとか。罰にしても酷すぎる。これは教育ではなくて、虐待です。教育であれば、子どもをそんなふうに扱うことはできません。

相手の話に注意を払う

苛立ちは、あなたの集中力を奪います。
苛立っている時、心は集中していない。
落ち着いていないのです。

最初に私たちがしなければならないことは、そうした心のあり方に、意識してふれてみることです。「心が落ち着いていない。いま心は動揺している」。「私はすごく腹を立てていて、とても荒々しい思いが浮かんできている」。こうした状態によって、あなたの集中力は奪われてしまい、またリラックスしたコミュニケーションのために必要な、心の強さも失われてしまうのです。

互いに理解し合うためには、リラックスしたコミュニケーションが必要です。ゆっくりと時間をとって、耳を傾けるようにしてください。相手が何を言おうとしていて、何を伝えようとしているのかを、注意深く聴くのです。言葉だけを聞くのではなくて、顔や目、声の調子や大きさ、そして手や頭のジェスチャーまでも含めたどんなことであれ、それらも観察するのです。コミュニケーションというのは、言葉を遥かに超えたものですからね。誰かを理解しようと思ったら、身体／身振り／言葉を等しく、観察し聴かなければなりません。その人の感じていることを理解するように努めてください。相手はあなたの同僚かもしれないし、上司かもしれない。あるいはひょっとしたら家族の誰かかも知れませんけど、とにかく誰であれ、その人に注意を払うのです。相手に対して心を向けつつ、注意深く耳を傾けたなら、その人は少しだけ落ち着くでしょう。

誰かが自分の言うことに耳を傾けてくれるたびに、私たちは落ち着きます。しかし、相手が言いたいことを言い終わる前にあなたが反論してしまったならば、その人は必ずより動揺して、さらに叫び出しさえし、関係性はずっと悪くなることでしょう。自分自身に注意を払い、自分の感じていることに注意を払い、そして他者にも同じように注意を払うようにしてください。つまりそれが、大人であるということなのです。あなたはまず自分からそれをしなくてはならない。他人が自分のためにそうしてくれるのを、待っていてはいけません。

自分自身を理解し、そして自分の落ち着きとマインドフルネスを

可能な限り維持すること、
また同じように、他者にも注意を払うこと。
これが思いやりです。

他者が言おうとしていることに注意を払うことも、
また同様に思いやりです。
それはある種の寛大さ。
もしあなたが本当に寛大で親切ならば、
注意を払うことができるのです。

寛大で親切ではなかったならば、あなたは耳を傾けたいとは思いません。ただ自分の言いたいと思うことだけを言って、自分の感情を、ただ「叩きつけ」たいと思うだけです。ですから、子どもたちに対しても、彼らの言うことに耳を傾けるようにしてください。思いやりとはそういうことです。あなたが子どもや配偶者や友人たちの言うことに進んで耳を傾けようとしないならば、自分が彼らを気遣っていたり、愛していたりするなどとは言えないでしょう？　ただ注意を払って耳を傾け、相手の語り感じていることを理解しようと努めることによってのみ、あなたは自分の思いやりを示し、自分の愛を、表現することができるのです。

自分の時間を無駄遣いしない

苛立ちは、あなたを規律のない状態にしてしまいます。

規律（discipline）とは、

重要なことをはじめにやるということです。

そしてまた、重要でないことはやらない――自分の時間を無駄遣いしない――ということでもあります。しかし、ひどく落ち着きを失っている時には、あなたはその感情に引きずられ影響されて、有益でないことをやってしまう。そんなふうに、規律を失ってしまうのです。その感情によって、あなたは物事の優先順位を忘れてしまい、重要度に関する差異と序列が、頭から消え失せてしまうのです。

私たちは、何が重要で何がそうでないかを理解する必要があります。マインドフルになればなるほど、このことが非常にはっきりと見えてくるようになる。これは大切で、有益であり重要だ。これは大切でなく、有益ではなく、重要ではない。だから私は、自分の時間を無駄遣いしないようにしよう。

マインドフルでない人たちは、自分の人生を感情によって生きています。そして感情は選択をしない。本当の意味での選択を、することができないのです。それであなたは全てを――つまり、重要なこととそうでないことを――一緒くたにし、そして人生には重要でないことのほうが多いですから、そこであなたは重要でないことを多く行って、たくさんの時間を無駄にすることになる。重要でない多くのことを、考え続け、話し続けてしまうのです。

マインドフルになればなるほど、あなたは質を求めるようになり、効率性を求めるようになります。

テレビ番組を見ている時であっても、マインドフルであれば、その番組があなたにとってもはや有益ではなく、そこからもう何も学ぶことができない時には、あなたは視聴をやめることができるでしょう。

雑誌を読んでいても、マインドフルであれば、あなたにとって有益な記事を読むことができる。私は主に、健康に関する記事を読みます。健康には、とても関心があるのですよ。それと心の状態、および心に関する記事ですね。しかし、ゴシップ記事になると――ノーです――。それ以上は一ページだって読めません。
ですから、昔の新聞を見つけてめくってみると、読む価値のある記事は全く見つからないことも時々あります。時間を使う価値がないのですね。

私たちは、無駄遣いできるほど
多くの時間をもってはいません。
人生はあまりに短く、
そしてあまりにも貴重なものです。
よりマインドフルになってくると、
あなたは己の時間の価値を認め、
そしてまた己の心の領域の価値も認めるようになる。
ですから、ある瞑想者は言っていました。
「心を神殿のように扱いなさい」と。

神殿というのは一つの場所です――清潔で清浄で――埃もなければ不浄もない――とても清潔でとても清浄で――神殿の中には、無益なものは一つもないのです。可能であれば、あなたの心を、この瞑想ホール（神殿）のようにしてください。

そのように、自分の心を見るのです。あらゆるごみが自分の心の中に入ってくるのを、あなたは許しておくのでしょうか？　あなたは本当に、自分の心の中に入ってくるもの――目から、耳から、思考から入ってくるもの――を検閲していますか？

検閲するということは、とても大切です。これをしなければ、人生には質も効率性もなくなってしまう。あなたは、感情の規定する対象になってしまうのです。

感情の奴隷になると何が起こるか

ですから、自身を観察してみましょう。
あなたは自分の心の主人ですか？
それとも自分の心の奴隷ですか？

心の奴隷であるということは、つまり感情の奴隷であるということです。心を深く、深く見つめて、答を見出してください。私は主人なのか、それとも私は奴隷なのか？

あなたは考えることなく、計画することもなしに進んでしまう。あまりにも感情的になると、もはや考えることはなく、計画することもなくなるのです。あなたはただ前進し、何であれ感情の行うよう強制することを行ってしまう。すっかり度を失ってしまいますから、自分を正して再び落ち着きを取り戻すために、何時間も必要とすることもあるのです。度を失ってしまうと、あなたは長い時間にわたって、ますます動揺を深めてしまう。時には、謝りに行かねばならないようなこともあるでしょう。

苛立ちによってあなたには、今日やるべき本当に重要なことのために残しておく、時間も注意力もエネルギーもなくなるのです。

腹を立てると、あなたはそのことを考えるのに、たくさんの時間を使います。自分の時間を、本当に生産的で創造的なことのために、使うことができないのです。それは、実に大いなる時間の無駄です。

苛立ちが少ないということは、つまり不安が少ないということです。ですから、一日を通じて、可能な限りマインドフルであるようにしてください。車を運転している時は、とてもマインドフルであるように。マインドフルでなかったら、他の人々に腹を立ててしまいますからね。ここでは道が空いていることがほとんどで、ですから運転はよりしやすい。他の場所では、移動することがとても難しいこともあります。それであなたは腹を立て、苛々する――本当に怒鳴ったり、叫んだりする人もいますね。腹を立てることで、殺されてしまうことだってあり得るのです。苛立っている時には、あなたは忍耐強くない。我慢できなくなってしまうのです。

苛立ちによって、あなたは他者を傷つけることになります。

あなたは他者を傷つける。鈍感になり、非礼になり、他者を軽視するようになるのです。ひょっとしたら、その他者は何か間違ったことをしたのかもしれないし、それは過ちだったのかもしれません。ふとしたことから、誰かが間違ったことをすることはおそらくある――私たちはみな、多かれ少なかれ、時には不注意であることがありますからね。腹を立ててしまっている時、その人にはそうした状況が理解できず、それゆえ許してあげることができないのです。

苛立ちによって、あなたは公平に判断できなくなり、攻撃的になります。

公平に判断できない――苛立っている時、あなたは既に公平ではないのです。自分の子どもたちに対してさえ、時に厳しく罰し過ぎて、教訓でも教育でもなくなってしまうことがあります。あなたはただ、自分の感情を「押しつけている」だけなのです。

苛立っている時、あなたは攻撃し、やり返し、非難し、傷つけ、そして脅します。実にたくさんのネガティブなことが——次から次へと——起こっているのです。

人を美しくするもの

苛立ちは恐ろしい顔をつくります。

ああ……、このことはとても大切です——恐ろしい顔。

人を美しくするものとは何でしょう?

落ち着き、安らぎ、思いやり、

そして平静（serenity）です。

私の先生方は、ほとんどがとても長生きです。ある先生は、百四歳まで生きましたね。彼の本を一冊ここに持って来ましたから、百歳の時の彼の写真をご覧になれます。とても落ち着いていて安らかですね。実に平静です。最期の日まで、彼はとても落ち着いて安らかでした。亡くなる前に、自身の葬式のことを計画していたんですよ。

もう一人の先生は、九十歳まで生きました。身体のほとんどが細くなり、褐色になって、年老いていた。でも、それがすごく美しいのです。近づいていって、話をしたくなるのですね。この九十歳の先生は、時に忘れっぽくなることがありました。彼はとても細くて小さな人で、時に私は、彼を抱えて運ぶこともありましたね。先生は、朝食を食べ、そして昼食をとった後、それから時には、昼寝をしていたものでした。

そうして目を覚ますと、彼は翌日になったと思ってしまい、「朝ごはんを誰も持って来ないんだが?」と言うのです。それで周りにいる弟子の僧侶たちは、「ええ、ええ、持って来ますとも。はい、しばらくお待ちください」と答える。少し経つと、「わしは朝ごはんを食べていないのじゃないか?」と彼はまた言いますので、弟子たちは、「さあ、サトゥマドゥを食べましょう」と言うのです。サトゥマドゥというのは、蜂蜜とバターと油、それにサトウキビの汁(糖液)を混ぜたもの(訳注:catumadhura、四甘。「サトゥマドゥ」はビルマ語。薬として扱われており、僧侶でも午後に食べてよいものとされている)。食べ物を差し上げると先生はそれを食べ、ジュースを差し上げると、彼はそれも飲んでいたものです。

それから彼はまた眠りにつき、目を覚ますと、「昨日は誰もわしに食べ物を持って来なかった。サトゥマドゥを少し食べただけだ」と言います。しかし、腹を立ててはいない。不平を言っているわけではないのです。彼はただ、自分の思ったことや感じたことを述べているだけ。「誰もわしに食べ物を持って来なかった。

ただサトゥマドゥを少しと、ジュースを一杯飲んだだけだよ」。彼はいつでも、とても機嫌のよい人でした。

時に私は、先生の傍に座って話をし、彼のために用を足したりしたものです。それで三十分も経ちますと、「お前はジョーティカか?」と彼は尋ねる。彼には、話し相手が誰だかわからないことがあったのです。それでも、彼はとても落ち着いていて安らかだった。先生は記憶を、たくさんの記憶を失っていました。しかしそれでも、彼は自分の落ち着きや安らぎ、寛容や受容的な態度といった、全ての徳性を保っていた。私たちは本当に、彼のことを愛していました。

先生が亡くなった時、彼は全く苦しむことはありませんでした。ある朝、朝食をとった後に先生は、「お腹と腰が張っているので、寝ることにするよ」と言われた。それで若い僧侶が彼を寝かせ、彼は眠って、そのまま亡くなったのです。病むことは、全くありませんでした。

そうした人の傍にいる時、
美しさとは何かということが、あなたにはわかります。
心根の美しさですね。
他者を理解すること、受容的な態度であること、
寛容、落ち着き、安らぎの美しさです。
本当の美しさとは、そうしたことを言うのです。

美しくなる訓練

私たちは、顔や身体の美しさのほうをより重視する。意識や心根の美しさについてはどうでしょう？　私たちは、年をとるにつれてますます美しくなるように、自身を訓練することができます。こうした考え方はお好きですか？　私は、この

考え方がとても好きです。私はそうするよう努めている。年をとるにつれて、私はますます美しくなりたいのです。ですから年をとること、年齢を重ねることを、悲しく思わないようにしてください。それはよいことなのです。

苛立ちによって、あなたの顔は石のように冷たくなり、胃はより多くの酸を分泌します。

腹を立てると、胃はより多くの酸を分泌します。そしてまた、あなたの顔はとても厳しく、石のように冷たくなる。柔らかくて優しい顔ではなくなり、とても醜くなるのです。苛立ちによって、どれほどの喜び、エネルギー、精力、そして時間とお金が、来る日も来る日も、あなたから奪われていることでしょう？　どれほど多くのものを浪費していることか――お金、時間、精力、エネルギー、喜び、そうしたものを、あなたは浪費しているのです。喜びに満ちた状態でいるかわりに、あなたは不幸で、腹を立てた状態でいる。誰がそうしているのでしょう？　あなたが参与しているのです。実のところ、自身の思考によって、そうした不幸な状態を作り出しているのは、あなたなのです。

私たちが新しい車を買うのは、新車のほうがより効率的だからです。私たちが新しい家を建てるのも、新築のほうがより効率的だからですね。しかしながら、あなたの身体と心についても、もっと考えてみてください。心と身体を、より効率的にするのです。エネルギーを節約してください。私たちに与えられている時間とエネルギーの量は、たいへん限られたものなのです。

自分自身に対する、
より大きな責任感を養うようにしてください。
あなたは、自身の幸福に責任をもっている。
幸せで安らぎに満ち、落ち着いて慈愛に満ちた

自分自身をつくることに、責任をもっているのです。

苛立ちに別れを告げるのは今日です。
明日まで待ってはいけません。
それは今日――まさにこの瞬間です。
いま、この瞬間であるべきなのです。

「私はベストを尽くしているのに……」

落ち着くためのきっかけを、確保するようにしてください。何かが起きて、それで腹が立ったらいつも、瞑想する時間を少し、たとえ数分でもよいからとるのです。息を吸い、息を吐いて、顔をリラックスさせ、手をリラックスさせましょう。腹が立っている時は、顔が緊張し、手も固まっているものですからね。ですから、腹が立った時には自分の顔と手の様子をチェックして、それらをリラックスさせるようにしてください。

数分のあいだ瞑想するだけでも、たいへん役に立つだろうと思います。もっと時間があるようなら、もう少し多く瞑想するようにしてください。落ち着いて、自分にできるいちばんよいことは何であるかと俯瞰《ふかん》してみるのです。ベストを尽くしてください。私たちにはいつでも、物事をほんの少しであれよりよい仕方で行うよう努めることが可能です。私たちは常に、物事をよりよく行おうと試みることができるのです。ですから、ベストを尽くしてくださいね。

「ベストを尽くす」という言葉を聞くと――、私は直ちに、あるカントリー・ミュージックの歌を思い出します。歌詞の全てを覚えているわけではなくて、その数行を覚えているだけなのですが。サビの一節は、「ああまったく。ベストを尽くしている時に、謙虚であるのは難しい」。そして最後の一節は、「ああまったく。謙虚であるのは難しい。でも、俺は可能な限りベストを尽くしているんだ」というのです。

この歌を聞いたことのある人はいますか？　「ああまったく。謙虚であるのは難しい。でも、俺は可能な限りベストを尽くしているんだ」。また別の一節では、「ああ、全てにおいて完璧である時には、謙虚であるのは難しい」とも言われています。しかし、全てにおいて完璧であるのは難しいですね。ええ、私にとっても謙虚であるのは難しいです。私もベストを尽くしていますからね。可能な限りベストを尽くしているのです。これは自慢に過ぎませんけれど。私には何かしらベターなことをすることができますが、それは単に、自分のベストを尽くしているに過ぎないのです。（歌詞は、Mac Davis の“It's Hard to be Humble”より。）

いずれにせよ、ベストを尽くしていなかったとしても、自分を許してあげてください。つまり、それで苛々しないこと。常に心配したり苛立つことで、自分を壊してしまわないように。自分自身を、駄目にすることのないようにしてください。腹を立てる時、あなたは自分の身体と心を壊しているのです。このネガティブな心のあり方は、身体も同時に毒しています。あなたは自分の身体と心を毒しているのです。実際のところ、自分を傷つけるのは、他の誰よりも私たち自身です。こうしたネガティブな思考を続けることで、私たちは自分自身を傷つけるのです。

落ち着くためのアドバイス

ストレスがかかり過ぎると、より苛々しがちになるものです。強いストレスを感じている時は、何事であれ行い続けず、誰であれ会いには行かないようにしてください。静かで落ち着いた場所に避難しましょう。数分でも構いませんし、十分、十五分でも構いませんから、避難するのです。そしてしばらくのあいだ瞑想し、リラックスしましょう。公園に行くか、あるいは車を運転しているのであれば、どこかに止めて、車の中に座ったまま休憩するのです。たとえ五分でも構いません。ストレスがかかり過ぎると、より苛々しがちになるものです。そして苛々しがちになっていると、怒り出すまでの時間は短くなる。ですから、そうならないようにしてください。ストレスが限度を越えつつあると感じた時には、一休みするのです。

しかし、一日を通じて瞑想することを学んだならば、場所を移動しなくても、会社であれ家であれ、どこにいても、あなたは一休みし、瞑想することができます――どこであっても、それをすることができるのです。

自身をそこまで訓練したなら、あなたはどこにも行く必要がありません。

どこでも瞑想することができるのです。

ただ、友人の一人があることをやっていて、私も同じアドバイスを皆さんに差し上げたいと思います。彼は激務をこなしていて、毎日長い時間働いている。実のところ、彼は仕事が好きなのです。たとえ仕事が好きでも、時にはすごく疲れてしまうことがありますね。仕事は他人としなければならないし、他人は時に、自分をすごく悩ませることがありますから。我慢強くマインドフルでいようとしても、時には限界に達してしまう。それで彼がどうしているかわかりますか？　当ててみたい人はいる？　皆さんにも、一度お話ししたことがあると思います。彼はトイレに行く。それでドアを閉めて、便座に座って瞑想するのです。すると、誰もやって来て邪魔をすることはできませんね。そんなことは誰にもできないでしょう。五分間そこに座って瞑想し、そうして再びリラックスして出てくるのです。

実にいいアドバイスですね。時には皆さんも、本当にそうする必要があるでしょう。ですから、このアドバイスを忘れないようにしてください。

美しいイメージに同調すること

目をやると、ポジティブな思考を直ちに喚起するようなものを自分の周りに置くようにしてください。そうしたものを、見つめるようにするのです。

家の中に、自分を苛立たせるような絵や写真を置くことはしないようにしましょう。可能であれば、そうした絵や写真は全て外してしまって、美しい風景のものにするか、あるいはあなたが、美しく穏やかなブッダの像、もしくは絵画かもしれませんが、そういうものが好きなのであれば、それを置くようにしてくださ
い。何であれ、あなたを穏やかな気持ちにさせてくれるようなものです。

美しい山の景色、木々に覆われて麓に湖をもつ連山とか、冠雪した山であるとか、山々や木々を澄明に反射した湖だとか、そうした景色が手元にあれば――そうした景色の、絵や写真を探してください――、それを自分の近くに置くようにしてください。そうした絵や写真に目をやるたびに、とても落ち着いて穏やかな気持ちになりますからね。

山は強さの象徴です――不動の岩山――それを動かすことはできません。安定しているのですね。どれほど激しい嵐がやって来ても、岩山は動かない。しかし、木々もまた一つの象徴です。強い風が吹いた時、それらはただ道をあける。風によって、壊されてしまうことはありません。さあ、どうぞどうぞ。そうして風の通るままにさせ、それから元の位置にまた戻るのです。私は、自分が寺に植えた

ユーカリの木を眺めます。一部はいますごく大きくなっていて、とても、とても背が高いのです――寺の中で、いちばん背が高い木になっていますね。強い風が吹いた時、それらはただ腰を曲げる。そして風が去ったら、元の位置に戻るのです。何の問題もありません。柔軟性ですね。木々は皆さんに、柔軟性の象徴とイメージを与えてくれます。

柔軟であってください。
固まってしまわぬように。
固まっていると壊れてしまう。
自分自身を、壊してしまうのです。
柔軟であってください。

また、雪は冷静、平穏の象徴です。実に涼やかで、かつ穏やか。そして湖は鏡のよう――それは鎮まり、落ち着き、静止、そして全てを反照する明晰さを象徴しています。そんなわけで、この種の絵や写真は、見る人にこうした全ての感覚を、思い出させてくれるのです。そうした絵や写真に同調することができるならば、それを見るたびに、そうすることに慣れてゆきましょう。とても注意深く写真を見つめて、それに同調するのです。とても落ち着いて、安定していて、冷静で明晰で。するとそうした絵や写真を目にするたびに、あなたはその落ち着きの感覚を、思い出すというわけです。

ですから、自身をよりマインドフルで、より穏やかに、より柔軟な感じにさせてくれるようなリマインダー（思い出させてくれるもの）を、周囲に置くようにしてください。そうしたものは、とても、とても重要です。また同じ理由ですが、苛立ちの種になるような新聞や雑誌などを、自身の周りには置かないこと。最も自身のためにならないことは、早朝に新聞を読むことです。そしてもう一つ最悪のことは、起きたらすぐにテレビをつけて、ニュースを眺めることですね。

大切なのはドーサの理解

言葉を幾つか提示してみたいので、あと数分間お話しさせてください。これらの言葉について熟考して、それに対応する感情を、理解できるかどうかチェックしていただきたいのです。

最初の一句は、**冷たく静かな憎しみ**です。

そういう人に、会ったことがありますか？　とても冷たくて、とても静かで、内にたくさんの非難や憎しみを抱えているのが、感じとられるような人です。

一言も語ってはいないけれど、見ただけで、その人が非難したり裁いたりしているのが、周囲の人には感じられる、といった人たちもいます。その人には思いやりがなく、受容的でも寛容でもないのです。

皮肉――とても皮肉っぽい人たちもいます。

苛立ち――これらは、ネガティブな言葉です。

しかし、自身の中にこうした感情を見出し得ないかどうか、チェックしてみてください。

憤慨（Resentment）、**冷酷**（Cruelty）、**恨み**（Bitterness）、**喧嘩っ早さ**（Quarrelsomeness）、**悪意**（Malevolence）、**不機嫌**（Sulkiness）、**盲目的な怒り**（Blind Rage）

――これらは、実に恐ろしいものです。

フラストレーション（Frustration）、**意地悪**（Spite）、**執念深さ**（Vengefulness）、**敵意**（Hostility）、**嘲笑**（Sneering）。

英単語というのは、実に色鮮やかなものですね。ビルマ語には、ネガティブな感情のこうした微妙な差異を表現するのに、これほどたくさんの言葉はありません。本当に、私たちにはそうした言葉がないのです。こうした言葉をビルマ語に翻訳するのは、私にとってはとても難しい。そんなことは不可能ですよ。ここにいるビルマ語話者の、誰にでも訊いてみてください。私たちには、こんなにたくさんの言葉はありません。英語というのは、実に色鮮やかです。**恐れ**（Fear）、**不安**（Anxiety）、**懸念**（Apprehension）、**神経質**（Nervousness）、**心配**（Concern）、**うろたえ**（Consternation）――実に微妙な、ニュアンスの差異がある。**疑心暗鬼**（Misgiving）、**心配すること**（Worriness）、**気のとがめ**（Qualm）、**短気**（Edginess）、**恐怖**（Dread）、**ぎょっとすること**（Fright）、**恐ろしさ**（Terror）、**パニック**（Panic）。

こうした全ての言葉を、パーリ語で言えばDOSA（瞋）になります。パーリ語では、一語でドーサ。それで全てを意味するのです。

また、**嫌悪**（Disgust）、**侮蔑**（Contempt）、**軽蔑**（Disdain）、**あざけり**（Scorn）、**憎悪**（Abhorrence）、**避けたい気持ち**（Aversion）、**嫌気**（Distaste）、**反感**（Revulsion）。ネガティブな感情には、実にたくさんのニュアンスの差異がありますね。

恥（Shame）、**罪悪感**（Guilt）、**困惑**（Embarrassment）、**無念**（Chagrin）、**悔恨**（Remorse）、屈辱（Humiliation）、後悔（Regret）、痛悔（Contrition）、憤激（Fury）、激怒（Outrage）、憤慨（Resentment）、憤怒（Wrath）、赫怒《かくど》（Exasperation）、憤り（Indignation）、腹立たしさ（Vexation）、辛辣さ（Acrimony）、反目（Animosity）、煩わしさ（Annoyance）、怒りっぽさ（Irritability）、敵意（Hostility）、憎しみ（Hatred）、激情（Violence）、悲しみ（Sadness）、悲嘆（Grief）、悲哀（Sorrow）、侘しさ（Cheerlessness）、陰気（Gloom）、憂鬱（Melancholy）、自己憐憫（Self-pity）、さみしさ（Loneliness）、落胆（Dejection）、絶望（Despair）、抑鬱（Depression）。こうした全てが、ドーサを意味します。一語で済むのです。

ですから、私は皆さんにこの一語――ドーサ――を理解していただきたいと思います。上に挙げたような、全てのネガティブな感覚は、ドーサなのです。だからブッダは、"Sadosaṃ vā cittaṃ 'sadosaṃ cittan'ti pajānāti"（瞋《いか》りを伴った心を「瞋りを伴った心である」と知る）と教えた。あなたがこの種のネガティブな思いを抱えている時は、それを綿密に観察して、それらがドーサであると理解せよ、ということです。ドーサはあなたのものではない――それは、あなたに属するものではないのです。それは存在者ではない。それは単なる感情、単なる思いに過ぎません。

こうしたネガティブな物事、
またネガティブな思いや感情を観察すればするほどに、
それらが生じることは少なくなります。
ネガティブなことを、
よりコントロールできるようになるのです。
これまでに挙げた言葉の内実を、
理解するようにしてください。
とても大切なことですから。

許すこと

瞑想で安らぎを得る

一日中、瞑想をする時には、身体をリラックスさせ、そしてまた心もリラックスした状態に保つよう努めてください。私たちは、しょっちゅう緊張してしまいますからね。今日は初心者のクラスです。瞑想について学ぶべきことはたくさんあり、スピリチュアルな実践について学ぶべきこともたくさんある。私はこのクラスを、皆さんが定期的にやってきて、段階的にどんどん学んでいけるような、一種の連続講義にできればと思っています。これはある種の教育、スピリチュアルな教育です。ダンマ（法、真理）とは、教育の最高の形だと私は思うのですよ。私たちは、人生について学んでいるのですからね。それはとても大切で、また切実なことです。

ふだん私は、マインドフルネス（気づきを保っておくこと）についてお話ししています。私にとってのメイン・テーマはそれであり、また、ブッダも毎日のように、マインドフルネスについて語っていましたからね。とはいえブッダは、マインドフルネスの実践をサポートしてくれる、他の形の瞑想も多く教えてくれています。例えば、ブッダの徳性について思いを致すことも、一種の瞑想です。とても清らかで、とても落ち着いていて、慈悲にあふれ、とても賢い人のことを考える時、つまり、落ち着いて安らぎに満ち、賢明で慈悲があって、自由な人のことを考えれば考えるほど、あなた自身もまた、ますます同じように感じるようになるのです。

私たちは、自分が最も多く考えたものになるのです。

これは心理学的な法則だと、私は思います。私たちは、自分が最も多く考えたものになる。人間がそのように成長できる、その可能性があるということを理解するのは、とても励みになることです。

若い頃、多くのことを学んでいた時分には、たくさんのことを学べば学ぶほど、私はシニカルになったものでした。そんなことがあるものでしょうか？　学べば学ぶほど、シニカルになるのです。当初、私にはそれが起こりました。学べば学ぶほど、知れば知るほど、何事についても語ることは実に難しいと、私は思うようになったのです。私たちが本当に知っていることなんて何かあるのか、と思うようになりましたからね。若い頃は、そう感じたのですよ。私はたくさんの宗教書を読みました。宗教に関する本を読めば読むほど、私はますますシニカルになったのです。何も信じることができなかった。信じることなんて、ほとんど不可能に思えたのです。

それからゆっくりと、私は瞑想することを学んでゆきました。悟りたかったからというよりは、ただ自分の心をより落ち着いて安らぎに満ちたものにしたかったのです。そうすることは、宗教的であろうがなかろうが、誰にとっても可能なことだと私は信じています。あなたにもそれはできるし、落ち着いて安らぎに満ちた心でいることは、とても有用で有益なことです。一定の集中力（サマーディ）とマインドフルネスを育て、そして時に落ち着いて安らぎに満ちた心に至ることがあると、私はその心の状態を本当に喜び、それを素晴らしいと感じるのです。心がとても落ち着き安らいでいて、実に明晰で清らかな状態にあるのですよ。

落ち着いて安らぎに満ち、明晰な状態になった心は、同時に柔軟にもなります――しかし、決して弱くはない。弱さと柔軟さは同じではありません。心は優しく柔らかになる。より受容的になるのです。そうすると、私の心にふと、ある思いが浮かんできます。私でさえ、こんなに落ち着いて安らかな心になった。私でさえ、そうなり得たのだ――たとえそれが数分間、たった二、三分のことであっても、私の心はとても落ち着いて、安らぎに満ち、静かになった――実に静かで、動き回ろうとはせず、動き回ろうとあがくこともありません。私は心をコントロールしようとしていないのです。数分間、わずか二、三分のことではありますが、心はただ落ち着いていて安らぎに満ち、実に明晰です。そこで私は、自分がこんなに落ち着いて安らぎに満ちた心になることができるのなら、もっと懸命に瞑想に取り組み、より長く、より体系的に実践を行った人であれば、より落ち着いて安らぎに満ち、より明晰で優しくなり得る心をもつことができるのは、確実なことだろうと思いました。「優しい（gentle）」という言葉に、私は慈悲の意味も含ませています。この言葉は、とても多義的ですからね。

親に愛されなかった子ども時代

その後、私はブッダについてますます多くのことを学び、さらに瞑想の実践についてはもっと学んで、可能な限り多様な形態の瞑想を実践するように努めました。いくつかのサマタ（集中力を高める）瞑想を実践し、慈しみの瞑想も行いました。慈しみをもつように、自分自身を強制したわけでは、必ずしもありません。私は本性として、必ずしも慈しみにあふれた人間であるわけではないと思いますからね。正直に申し上げてしまえば、私は若い頃、もっと冷淡な人間でした。慈しみにあふれたというよりは、むしろ冷たい人間だったのです。

　ほとんどの場合、私は自分自身を含めた誰についても、ひどく不満を抱いていました。ひどく不満を抱いていて、ある面では怒っていた。これ以上に、上手い言葉は見つかりません。常に何かの過ちを探していた。何か不正なこと、何か間違っていること、他人のあらを探すことを続けていたのです。そうすることで、私はある面ではとても頑なで厳しい人間になりました。自分がなぜそうなったのかはわからないけれど、後に私は、そのことを正当化しようとした。生きていくためには、そうするしかなかったと考えたのです。つまり、生きていくためには自分自身を厳しく頑なにするしかなかったということ。私の子ども時代は、あまり幸せなものではありませんでしたからね。子ども時代に、虐待されていたというわけではありません。正確に表現するとすれば、無関心とでも言うべきなのかもしれません。両親は、とても忙しい人たちでした。彼らには、私に割く時間がなかったのです。つまり、それは虐待というよりも、単なる無関心。しかし、それはとても辛いものでした。無関心というのもまた、私には辛いことだったのです。私は、認められていないと感じていた。ああこれですね、私が言いたかったのは。認められていなかった。本当には愛されていなかったということです。両親は私に、冷酷だったわけではありません。彼らはただ、私のことを、あまり考えていなかった。それだけです。私はただ、独りだった。そんなわけで、独りにしておくということもまた、とくに小児に関しては、ある種の虐待だと、私は思うのです。

ダンマを学んで、ゆっくりゆっくり、私は人々や心について、理解するようになりました。そうして、様々な瞑想を試みた時に、慈しみの瞑想も私は実践し、両親に対して思いを向けようとしたのです。私にとって、両親を愛することは簡単ではありませんでした。実際のところ、誰であっても容易に愛することなどできなかったのです。人々は愛について多くを語ります。彼らは愛することを、簡単なことだと思っているのです。実際はどうであるのかわかりません。ただ、私にとっては、愛することはとても難しいことだったのです。

さて、先週の日曜日に、私は慈愛の念、メッター（慈）、愛についてお話ししました。愛することが簡単であるなどと、私は考えたことはありません。本当に無条件に愛するということは、簡単なことではないのです。とりあえず私は、両親と先生たちへの愛を感じるよう、可能な限り努めました。私にとっては、先生方を愛することのほうがより易しい。なぜでしょう？　それは、私が両親にはずっと多くのことを期待していて、そして失望させられたからです。何度も、本当に何度も私は失望させられました。先生方には、私はそれほどの期待をしていませんでしたから、何であれ彼らが私にしてくれたり、言ってくれた親切なことについて、それらをより有り難く感じたわけです。そうした行為を、当然視してはいませんでしたからね。両親については、当たり前だと思っていました――彼らは私を愛するべきだ。しかし、先生方については、私を愛するべきだと期待してはいなかった。彼らはただ、私に英語やら数学やら科学やらを、教えればいいだけなのです。しかし、期待していないものを受け取ると、その有り難みは増しますね。そして期待をしすぎていて、十分に受け取っていないと感じている場合は、失望してしまう。有り難いと感じないのです。そんなわけで、これが私たちのやってきたことなのだと、私は思います。私にとって、両親の親切、愛を有り難く思うことが難しかったのは、それゆえなのです。

#「平静」と「冷淡」の違い

さて、仏教、つまりブッダの教えを実践しはじめた時、私はその教えを全て実践するよう努めました。これは先生のアドバイスでもあったのですよ。残さず全て実践すること――慈しみ（慈）、哀れみ（悲）、平静（捨）の全てですね。平静と冷淡は、同じものではありません。私はとても冷淡でしたが、平静ではなかった。この二つを、区別するようにしてください。

平静であることと、冷淡であることは全く違います。
冷淡であるということは、
他者を気遣わないということ。
平静であるということは、
他者を気遣うけれども、だからといって、
とらわれることはないということです。

あなたは他者を気遣い、彼らを助けるようベストを尽くすのですが、もしそれがかなわなかったとしても、そのことにとらわれたりはしないのです。あなたはそのことで悲しんだりはしない。平静はポジティブですが、冷淡はネガティブなのです。

「死を想う」修練

ブッダの徳性に思いを致し、慈しみの瞑想を実践して、慈しみと哀れみの念を広げ、また平静さも放散すること。そして、死について観想することもまた、教育的な実践の一部です。そんなわけで、私はこうした実践もまた行いました。かなり若い頃でさえ、私は墓地に通っていたものです。父が亡くなり、私は墓穴に土を投げ入れて彼を埋めました。そうして、私は墓地に通うようになった。時には、そこに素敵な場所を見つけてただ座り、あるいは横になって墓地で眠りました。そこに埋められている人々のほうに目を向けて、その名前を見ると、中には非常に有名な人たちもいた。そんなふうに、死について考えることもまた、私たちのスピリチュアルな実践の一部です。実によいリマインダーになるのですよ。

私は父を埋めましたが、それから時々、私はその場にもう一つの穴があって、別の葬式が行われているのを想像するようになりました。誰かが埋められつつあり、たくさんの人がやって来ていて、埋める前に、棺を地に置いて、友人や親戚の最後の別れのために、その蓋を開けるのです。そこで、彼らは棺の蓋を開け、私はその状況を思い浮かべると、開いた棺の中に、私は自分自身の姿を見るのです。それは私の葬式で、埋められようとしているのは私でした。父の傍、彼の墓穴の隣に埋められるのです。私たち二人が同じ場所に埋められていることを想像しながら、私は自分の、いわば怒りについて考えます。それほど強い怒りではないのですけど、彼が私のことを思ってくれなかったことに関する、やはりある種の怒りです。事ここに至ったら、どうすればいいのだろう、と、私は考えました。
私たちは二人とも、いまは死んでいるのです。

このことを思い切り鮮明に
思い浮かべることができたなら
それは素晴らしい修練になります。
私たちは、みな死ぬのです。

私たちが、自分を傷つけ、ないがしろにし、虐待した人の傍に埋められることになったならば、どういう感じを抱くでしょうか。次に何かが起こりますか？　次に何が起こるものか、ちょっと想像してみてください。

私たちは、これまで何を学んできたでしょうか？　私たちにはまだ時間があって、まだ生きています。私たちはどのように生きていくのか、そしてどのように生きることを望むのか？　この怒り、この痛みとともに、残りの人生を生きていきたいと思うでしょうか？　そんなふうに、想像というのは私にとって、実に素晴らしい修練だったのです。

父の孤独について

私は父の墓に何度も行って、ただ傍に座って彼のことを考えました。そうしてゆっくりと、私は深く有意義なことを学びました。これを言葉にするのはとても難しいです。とにかく、私は彼にもう怒りをもたなくなった。ゆっくりと、私の怒りはほどけていって、父の人生が、より明らかに見えるようになってきたのです。そして私は、彼が死に至るまで実に孤独な人であったことを、非常に深いレベルで理解しました。父より孤独であった人を、私は知りません。彼には兄弟が

許すということ

後に私は、彼がどれほど絶望に満ちて孤独な人間であったか理解しました。最期の日まで、彼は全く何も言わなかった。食べたがったものを私たちが出すと彼は食べたし、薬を与えると飲みました。しかし彼がしたのはそれだけで、何かを言おうとすることはなかった。どうしてそんなふうに生きることができたのでしょう？　実に驚くべきことです。こうして、父についての理解がより深まった時、私は彼を許しました。父のことを許したのです。私が今日、少しばかりお話ししたいのは実はこのこと。許すことはとても大切です。父を許すことを学ぶまで、私は自由に前に進むことができませんでしたからね。許すことは、私たちの意識、私たちの心にある障害物を取り除くこと——そうすることで、スピリチュアルにもっと成長できるだけのスペースを、心につくることができるのです。あらゆる種類の恨みや、傷つけられたという感情、あるいは怒りや敵意を心に抱いている限り、スピリチュアルな本性が成長できるだけのスペースを、私たちはもつことができないのです。

自分のスピリチュアルな本性の成長のために
私たちは心にスペースをつくる必要がある。
誰に対しても、心をオープンに
保っておかなければならないのです。

例えば、農夫が穀物を育てようとする際には、まず土壌を整えます。石ころを除き、木の根や藪、雑草を全て取り除くのです。そうして土壌を柔らかくするために鋤《すき》で耕し、いくらかの肥料を与え、水をやる。それから種を蒔くのですね。

すると、土が既に耕されているわけですから、種はずっと容易に生育し、根を張ることができるわけです。それと同じように、私たちは自分の意識と心を、自身のスピリチュアルな本性が成長できるよう、準備する必要がある。自身のスピリチュアルな本性を最高のレベルまで育てることは、私たちが自分自身を含めた全ての人を許せるようになるまで不可能です。私は過去にひどいことをしたこともありますし、そのことで自分を許すのはとてもたいへんなことでした。ひどい罪悪感があったのです。罪悪感を抱いている限り、あなたは自由ではありません。パーリ語では、罪悪感のことを"kukkucca"と言います。kukkuccaという言葉の元々の意味は"ku"と"kata"ということです。"kata"は「為された」という意味で、"ku"は「悪い」という意味。何か悪いことが為されたのです。

ブッダの教えにおいては、罪悪感というのは不健全、不健康なものであると見なされます。罪悪感が不健康であるというのはよくわかりますね。それはある種の精神的な病です。一部の人たちは、人生を常に罪悪感を感じたまま生き続ける。

ですから、自分自身を許すということもまた、とても大切なのです。罪悪感を感じたり、他人に腹を立てたりしている時に、深く自分の心を見つめてみると、そこには非常に強いエゴの感覚があることがわかるでしょう。とても強く、大きなエゴがそこにはあります。だからこそ、よりエゴイスティックになればなるほど、より大きな罪悪感を、私たちは感じるのです。

許さないでいること

許さないでいることは、ある種の牢獄です。
誰かを許すことができない時、
私たちはその人を、牢獄に入れているのです。

誰かが悪質な行為をした時には、私たちはその人を逮捕して牢獄に入れる。それと同じように、私たちは心の中で、たくさんの人々を牢獄に入れているのです。私たちは彼らを閉じこめる。そんなわけで、許さないでいることは、ある種の牢獄です――あなたは他人を投獄するのですが、しかしそのようにすることで、同時にあなたは、自分自身をも投獄しているのです。というのも、あなたは鍵をもって、門の前に立っているのですから。私はお前を解放しない、できるけれどもそうしないんだ。そのように誰かを投獄するという、その行為そのものによって、私たちは自分自身を牢獄の中に置いている。責めることも同じであり、罰することもまた牢獄です。私たちは人生を通じてずっと人々を罰し続け、また思考の中においてさえ、他人を罰し続けている。しかし、その行為そのものによって、私たちは自分自身を罰しているのです。この二つを、分けることはできません。他者を罰する時は、その同じ棒でもって、私たちは自分自身をも打っているのです。

ですから、ある人はこう言いました。「頑なな気持ちというのは、許すことができない、あるいは許すつもりのない人にとって最も厳しく作用する」。実に印象に残る言葉ですね。「頑なな気持ちというのは、許すことができない、あるいは許すつもりのない人にとって最も厳しく作用する」。許すことができなくて、頑なな気持ちをもち続けていたら、それは私たち自身に対して、最も厳しく作用するのです。自分で自分自身を苦しめているのですよ。許さないことによって、私たちは自身に辛くあたっている。それで苦しんでいるのです。怒っている時、私たちは苦しんでいるし、たとえ思考の中であれ、誰かを罰している時も、私たちは苦しんでいる。私たちは自由ではなく、それゆえそうした心の状態にある時は、私たちは己のスピリチュアルな徳性を、本当の意味で最高のところまで引き上げることはできないのです。

許すことは弱さのしるしではありません。
それは深いレベルでの心の強さなのです。

許すことは、心の強さです。

私たちは強い。
許せるだけ、手放せるだけの強さがあるのです。
私はお前を自由にしよう、解放しよう、
好きなところに行きなさい。
さあ、これで私も自由になった。

許せば自由になれる

たとえ思考の中だけのことであっても、とにかく自分を傷つけた人を許すことを思い浮かべてみてください。その瞬間、あなたは自由を感じます。怒りはまた戻って来るかもしれませんが、同じことを、全ての人を、全てのことについて許せるようになるまで繰り返すのです。もうこれ以上、誰のことも何についても責めることがないようにね。ただこうした種類の心、もう誰のことも責めることがないような心の状態を、想像してみるのです。すると心はどれほど自由になることか。私は恨みをもっていない。私は誰のことも何についても責めようとは思わない。私は全ての人を、彼らが自分に何をしたのか、そして未来において何をするかを問わず、解放する。この種の心をもって生きることは、本当に並はずれたこと。それは素晴らしいことなのです。スピリチュアルな徳性を本当の意味で育てるためには、この種の自由が必要です。この世俗的な（世間の）レベルを乗り越えて、それを超えた（出世間の）理解に踏み入るためには——つまり、世界を乗り越え、世俗的なものを乗り越えるためには——、それが必要とされます。

　そんなわけで、怒っている時には、私たちはこの世界に囚われている。この世俗的な世界に囚われているのです。腹を立てている限り、恨みをもっている限り、思考の中で誰かを罰し続けている限り、私たちはこの世界に囚われている。ダンマとは、これら全てを乗り越えることです。ですから、このことを深く深く理解するようにしてください。誰かを許さないことで、私たちは何を得るのでしょう。何かを得ていると考えているだろうから、私たちはその行為をするわけです。では、何を得ているのか？

「許さないこと」で得ているもの

思考の中で誰かを罰することで、私たちが得ていると感じるものはたくさんあります。ある若い女性を知っているのですが、彼女は自分の父親も、とても無関心だったと言っていました。彼女のお父さんはまだ生きています。いまはかなりの年寄りで、六十五歳くらいだそう。彼は政府の役人で、多くの国を旅してまわらなければなりませんでした。多くの時間は、家で過ごすことがなかったのです。そして彼もまた、家族に愛を示そうとは決してしない人でした。彼はそういう人だったわけですが、いまは息子や娘たちも三十代後半になっている。中には四十代前半の者もいるかもしれません。このお父さんは引退して、いまはずっと家にいる。頻繁に旅をするのが常の人でしたが、いまは自分の土地、自分の屋敷の外には出ないわけです。家の中で、ずっと時間を過ごしている。そこで彼は、家族と仲良くしたいと思っているのですが、家族のほう、息子や娘、そして奥さんは、どうしても彼に親しみを感じられない。それで、このかわいそうなお父さんが娘に話しかけたくてちょっとした質問をすると——質問というのは、ただの口実です。この人もまた、とても口数の少ない人ですからね——、娘のほうは彼にこう言う。「もう私に話しかけないで。遅すぎるのよ」。何を言っても遅すぎるのよ。娘が父親を罰しているのです。

こんなふうに互いを罰しながら人生を生きている人たちを、私はたくさん目にします。そのように罰することで、彼らは何を得るのでしょうか？

許さないことによってありとあらゆる人生の問題について手軽に使える説明、もしくは口実が手に入るのです。

あなたは他者を非難する。悪いのは彼だ。そのせいで私に何が起こったか。いかに私が不幸になったか。どれほど損なわれてしまったか。全て悪いのは彼だ。全て悪いのは彼女だ。全て悪いのはお父さん、もしくはお母さん。あるいはひょっとしたら、兄弟や姉妹、あるいは先生や社長、もしかしたら夫や妻。全て彼らの責任だ。私たちはそのように、他者を非難することで口実を探すのです。私の不幸は、私のせいではない。悪いのは彼らだ。彼に責任がある。彼女に責任がある、と。

　状況が違っていて、自分が傷つけられることさえなかったならば、いまよりもずっといい人生であったはずだ。あなたはそう考えているのですか？　ほとんどの人が、そんなふうに考えていますね。他人が悪いと考えて、他人を自己の不幸の責任者にしている。私たちがそうしたわけではないのだからと？　誰かを許さないでいることは、傷つけられた時に人が感じる無力感を埋め合わせてくれるのです。その意味で、許さないでいることは、ある種の力です。私には、君を許さない力がある。君は悪いやつだ。君は私を傷つけた。私は君を許さない。そんなふうに思う時、どういうわけか、人は力を感じるのですね。あの女性も、どういうわけか力を感じていた。私は彼女と何度も話しました。彼女はとても知的な人で、時には瞑想をすることで心がとても落ち着き、安らかで幸福になって、とても明るく愛情に満ちた人になることもあった。しかし、そうして数日もすると、彼女は瞑想をやめてしまうのが常でした。それで私が、「なぜ瞑想をやめてしまったの？」と尋ねると、彼女はこう言いました。「瞑想を続けると、父に怒り続けることができなくなるんです」。彼女はお父さんを罰したかった。同じだけの痛みを与えたかったのです。彼女が言うには、怒っている時にはとてもパワフルに感じるのだそうです。しかし、自分自身に対して、自分が何をやっているのか見てみてください。そのようにすることで、どれほど自身を傷つけているか。スピリチュアルな成長の道を、全く閉ざしているのですから。

「許すこと」は「忘れること」ではない

「許して忘れろ」と言う人たちもいます。
しかし、忘れることはよいことではありません。

私たちはその経験から学ばなくてはならない。理解し、学び、決して忘れてはならないのです。理解しないまま忘れてしまったら、無意識のうちに、同じパターンがまた私たちの人生を支配します。実際のところ、私たちには何も忘れることなどできないのですよ。許すことは、忘れることではありません。自分を傷つけた人々を許すことによって、私たちは過去の辛い経験を記憶から消去するわけではないのです。私たちは過去の辛い経験を消去しているわけではない。私たちは、そこから学んでいるのです。

許すことは、ひどい過去の引力圏から抜け出して、よりポジティブな未来へ向かうための一つの道です。

これはある人の言葉ですが、先ほどの彼女も、若い時分にとても傷ついていましたね。ここであなた自身のことを考えてみてください。自分が何か重い荷物を運んでいること、あるいは、後ろに重い荷物を「引きずっていて」、それでも急ごうとしている姿を想像してみるのです。そうして、それがどれほど難しいことか、考えてみてください。

私にはいつも見るひどい夢があります。ある種の悪夢ですね。それは繰り返される悪夢。その夢を、私は毎年、何度も繰り返し見てきました。その夢の中ではいつも、私は電車か飛行機で旅をしている。時間はあまりなくて、もうすぐ飛行機に乗る時間、搭乗時刻です。それで私は自分の荷物を探しているのですが見つけられない。時には荷物が多すぎて運ぶのがとても大変なのですが、助けてくれる人はいないのです。ある夢では、私はそれが自分の荷物ではないことを知っていました。誰かが私に自分の荷物を渡していて、私は彼の荷物を運んでいるのです。それで私は、「ぼくは何をやっているんだ? なぜ彼の荷物を運ばなくちゃならないんだ?」と考えていた。

この夢から目覚めるたびに、私の思いはその夢の意味へと向かいました。その夢は繰り返し、繰り返し、繰り返し、毎年何度もやって来たのです。自然なこととして、その意味は実に単純率直なものだと私は考えました。意味を知るのは難しくない。私は重すぎる荷物を運んでいるが、その荷物のほとんどは私のものではなくて、誰か他の人のものなのです。ならば、私はなぜ「ノー」と言えないのか？　夢からのメッセージを受け取って、私は自分がどのような荷物を運んでいるのか見きわめるために、自分の心を調べてみました。実際に私が所有しているものはわずかですから、その荷物とは心理的なものでなければなりません。旅をする時も、私は実に身軽であって、多くを持っていくことは全くありません。ですから、これは私が背負っている心理的な荷物に違いないとわかりました。

そこで私は自分の人生と心を振り返り、為すべきでありながらやり終えていない仕事は何かと探してみました。実にたくさんありましたね。たいして残っていないと思っていたのですが、本当に自分の心を忍耐強く、誠実に調べてみると、自分が感情的な荷物をたくさん抱えていることに気づいたのです。見たところ、それはたいした問題ではない。既に全く終わったことだし、私は気にしておらず、それによって傷ついているということもはやない。若い頃はそれで傷ついていたけれども、いまはもうそんなことはないのです。

ならば、どうしてそれを気にかけなければならないのか？　私は十分に歳をとったし、大人になっている。自分のしたいようにできるのだけど、それでも深く自分の心を見つめてみると、傷はまだそこにあるのです。私はまだそれを背負い続けていた。ならば、意識的に観察する必要がある。一部の人たちは既に故人で、両親も亡くなっています。しかし、そうした状況はどうあれ、真の誠実さをもって、私は自分に可能な限り、両親とのコミュニケーションを思い出して、彼らがなぜそのように振舞ったのか、なぜそれをしなかったのか、何をしなかったのか、を本当の意味で理解しようと試みました。したことだけではなくて、彼らがしなかったこともある。その理由を、理解しようとしたのです。

理解すれば、怒りは消える

いまでもまだ理解できないことはいくらかあります。しかし、進んで理解しようとしてみると、思っていたよりずっと多くのことが理解できることに私は気づきました。ですから、大切なのは進んで理解しようとすることです。両親についての理解が進めば進むほど、彼らが決して幸せではなかったことが知られてきました。人生において、全く幸福ではなかったのです。彼らは幸福であるふりをしていた。時には幸せなこともあったかもしれないけれど、人生の大部分において、彼らは幸福ではなかったことが私にはわかりました。父は幸せではなく、母も幸せではなかったのです。彼らは死ぬまで離婚することはなかったけれど、その結婚生活は幸せなものではありませんでした。そうして私は、彼らが実にひどい人生を送っていたことを、ゆっくりと理解していきました。彼らの人生は、どれほど不幸であったことか。両親は、ふりをするのは実に上手な人たちだったのです。それで私は、彼らに同情するようになり、また申し訳ないとも思うようになりました。彼らは自分の人生を無駄遣いしてしまった。心からやりたいと思うことを、全く行うことがなかったのです。彼らは自分の愛する人と結婚することもなかった。彼らの結婚は、決められたものでしたからね。両親の人生を理解すればするほど、より強い同情を、私は彼らに感じるようになりました。彼らを許す必要はもうなかった。もはや怒ってはいないのですから。もう両親を責めてはいない。彼らは知らなかったし、学んでもいなかった。学ぶことが決してなかったのです。ある人の言葉ですが、「両親というのは非難されるが、彼らだって、親になるための訓練をしてきたわけではないのである」。

　両親が、どのようにして親になるかを学んだことが一度もなかったことを、私は理解しました。誰も彼らを訓練してはくれなかったし、誰も教えてはくれなかったのです。彼らは学ぶことが一度もなかった。よい親になるために学ぶ必要なんてないと、世の中では思われています。本当でしょうか？　よい親になるために、学ぶ必要はないのでしょうか？　よい親であるということは、実に難しい仕事なのに。

　本当に理解をした時、責めるということは難しくなる。本当に理解をすると、もう許す必要もなくなります。なぜでしょう？　もう彼らを責めることができないから。もう彼らを責めたいと思わなくなるからです。

怒りはエネルギーの浪費

自分の人生を見なおしてみて
怒りと恨みを手放した時、

私は以前よりもずっと自由になりました。
これが、あなたがたにもお勧めしたいことなのです。
私たちのスピリチュアルな潜在能力を
本当に最大限まで育てるためには、
私たちは自由である必要があるからです。

私たちには自由が本当に必要なのです。というのも、この怒りは私たちの時間とエネルギーを大量に浪費してしまいますからね。意識的には気づかないかもしれないけれど、ちょっとした思いの断片が、いつも心に入ってくる。——子ども時代のことであるとか、怒りとか挫折感とか、昔の出来事であるとか、そうした非常に短い、数秒しか続かないような思いです。ぱらぱらと浮かぶ思いの断片——それが無意識に生じ続けるのですね。これがたくさんのエネルギーを食ってしまう。私たちのエネルギーを浪費してしまうのです。そしてまた、そのことによって私たちの意識のレベルも下がってしまいます。心がダウングレードし、意識がダウングレードするのです。けれども、私たちのスピリチュアルな潜在能力を本当に育てるためには、非常に高いレベルの意識、より高いレベルの徳性が必要とされます。

私たちの背負っているそうした荷物を全て捨ててしまうには、かなり長い時間がかかるかもしれません。

いつまでも消えない恨み

ただ一つ必要なことは、そうしようと決めることです。
私たちは許すことを選ぶでしょうか？

これは実に大切な質問です。それは選択。本当に選択の問題なのです。それは放っておいたら勝手に起こることではありません。あなたは許すことを選ばなくてはならないのです。あるいは、誰か一人の人だけではなく、対象になり得る人の全てを、ひたすら罰し続けることを、あなたはまだ望むのでしょうか？　人生を振り返ってみると、罰したいと思う人はたくさんいることがわかります。――誰を私たちはまだ心の中で罰しているのか。たぶんお父さん、それともお母さん？　私の学校の校長先生に、理由なく私を罰する人、私が決してやっていないことについて罰する人がいたのを思い出します。彼は私に容赦なく罰を与え、それでみんなは無実の罪について私を悪いと思うものだから、私はとても恥ずかしい思いをしました。私は自分が無実だと知っている。しかし、いずれにせよ私は罰を受けたのだから、弁解する術はなかったわけです。私には弁解の機会が与えられなくて、その傷は長い年月のあいだ、私の心に残り続けました。昔の同級生に会うと、かつての先生方について次から次へと話題が及ぶのですが、その先生の名前が出るたびに、私の心はチクリと痛んだ。私は彼に会いたかった。会ったら言いたいことがありました。「あなたは無実の罪で私を罰しましたね」と、言ってやりたかったのです。これはつまり、私がまだ執着していたということですね。しかし、そのチャンスは来ませんでした。彼はいま、八十歳くらいでしょう。時に私は、どこかで彼と会うことを想像することがある。いま私は、彼のことを憎んではいません。若かった頃は、本当に彼のことを憎んでいて、殺したいとも思いました。幸運なことに、そうはしませんでしたけどね。しかし、いまは彼のことを憎んではいない。私は彼のことを理解し、許すことができます。けれど、それでもまだ、私は彼とその話がしたいのですよ！　心というのがどんなふうにはたらくものかわかるでしょう？　私はまだ彼に、「ぼくはやっていない！」と知らせたいのです。全く正直に言って、私はやっていないのですから。そんなふうに、私たちは実にたくさんのことに執着し続けているということなのですよ。悲しいことに、かなり多くの友人が私のことをずいぶんといじめましたし、ひどく残酷な仕方で馬鹿にもしました。私たちが人生を振り返ると、そうした人たちをたくさん思い出すことができるでしょう。それは同僚かもしれないし、また同級生、ルームメイト、兄弟姉妹、夫や妻、彼氏や彼女かもしれません。それが誰であれ、数にしたらかなり多くなるかもしれませんね。

ゆっくりと時間をとって
可能な限り心を落ち着けてください。
そうして時に心の落ち着くことがあれば
相手のことを理解し、そしてまた
自分自身についても理解しようとしてみてください。

恨みに執着することで、あなたは自分自身を傷つけており、自分の人生を無駄遣いしているのです。あなたは自分が正しいと思い続けることはできる。私は傷ついたし、あいつは悪いやつだったんだ。その人を、人生のあいだずっと裁き続けることもできます。しかし、そうすることで、あなたは何を得るのでしょう？私に無関心だったからといって父親を責め続けたら、私は何を得るでしょう？スピリチュアルな徳性を育てるために必要な、自由を得ることはできないでしょうね。彼のことを深く理解した時、私は彼に強い同情心を抱き、申し訳なかったとも思いました。彼のために悲しみを抱いたのです。

許しを請うこと

私もたくさんの人を傷つけてきました。実際にたくさん傷つけたのです。そして、自分を傷つけた人を許すのは私にとって比較的易しいことでしたが、自分が傷つけた人に対して「ごめんなさい。許してください」と言うのは、実に難しいことでした。「許して」と言うのは、本当に難しいことだったのです。意図的だった場合もそうでない場合もありますが、私は当該の人物を傷つけたことを知っている。時にはただ自分の問題を解決しようとして、その「過程」において、私は他人を傷つけました。しかし、いずれにせよその人は傷ついたのです。そして、「ごめんなさい。許してください」と言うことは、私にとって実に難しかった。なぜでしょう？　私は自分を傷つけた他人を許すことはできるのに、なぜ「ごめんなさい。許してください」と言うことは、私にとってそんなに難しかったのでしょうか？　(聴衆の一人が「プライド」と答える）そう思います。私たちのプライドですね。まさにプライドなのですが、それを言えないでいるあいだは、私は自由だと感じることができません。まだ後ろめたさを感じているのです。

例を挙げるならば、私の人生には実にたくさんの例がありますね……。皆さんも自分の人生を振り返ってみると、そういう例を見つけることができるでしょう。私には二人の娘がいることは、何度もお話ししましたね。彼女たちがまだ子どもの頃に、私は彼女たちを置いて出家した。自分自身の問題を解決するためでした。当時の私の人生において、世界はばらばらに壊れてしまっていましたから。幸せに暮らしていくことなんてできなかったし、これ以上どうしたらいいのかもわからなかった。もうあのままでやっていくことはできませんでした。飽き飽きだと感じていたのです。私は自分の問題を自分なりの仕方で解決しようとしましたが、娘たちには大きな苦しみを与えることになりました。そうするつもりではなかったけれど、いずれにせよ彼女たちはひどく傷つき、見捨てられたと感じたのです。そして私も、そのことについてはひどく後ろめたく感じていました。私はそのことを考えて考え続けましたが、それでも「すまなかった。許してくれ」と言おうとはしなかったのです。娘たちに「許してくれ」と言うための勇気と誠実さを育て、そしてまた自分の頑なさを除くためには、たくさんの年月がかかりました。

私の人生の、当時のあの状況においては、私は自分が最善だと考えることをした。もっと悪いことだってする可能性がありました。自殺すらしかねなかったのです。

しかし、そうした行為をすることはありませんでした。私は、その時に自分が最善だと考えたことを行うためにベストを尽くした。とはいえ、既に過去になったことについて許しを請うならば、互いに自由だと感じることもできるかもしれない。私は自分の罪を認めました。そうして、「許してくれ」と言った後は、ものすごく心が軽くなったのです。私は、自分がもう後ろめたさを感じていないことに気づきました。それはなんと素晴らしいことでしょう。もう私は怒りを感じておらず、誰かを罰する必要も感じてはいないのです。この先、誰かが私に何かをすることがあっても、自分が恨みを抱くだろうとは思いません。しばらくのあいだは、腹を立てるかもしれませんけどね。その点については、なんともいえません。ただ、その恨みを抱き続けて、いつかやり返してやれたらなあと考える——そんなことは、もうすることはないでしょう。

「許さない」という自傷行為

自分が何事に関しても、誰のことも責めはしない状態を、ちょっと想像してみてください。どれほど自由だと感じることか。あなたのスピリチュアルな徳性を育てるためには、その種の自由が必要なのです。怒りとともに人生の残り時間を生きることは、よいことではありません。そのように生きていては、あなたのスピリチュアルな徳性を本当の意味で育てることが、決してできないでしょう。完全に自由になることを、本当に真剣に考えているのであれば、このことをより真剣に考えてみてください。他者を罰することで、あなたは自分自身を罰しているのだということを、理解しようとするのです。自分自身を罰し続けたいと思いますか？　遺棄、嘲笑、屈辱、裏切り、詐欺、虐待、無関心。多くの人たちが私のところにやってきて、彼らの物語を語ります。ある人の話はお母さんのことで、またある人の話はお父さんのことでした。父と息子は互いに語り合わずにきたのだけれど、息子のほうは過去の埋め合わせをしたいと思っていて、お父さんと話をしようとしたところ、「そんな話をする必要はない」と言われたそうです。お父さんのほうはただ距離をとり、没交渉でいたがっていた。ふれあいを求めてはいなかったのです。

さて、そんなわけで、他人を許すことができない時には、私たちは実のところ、その人に自分の人生をコントロールされるのを、依然として許したままにしているのです。私たちは自分が何者であるかということを、その人に定義させてしまっている。このことを、深く省察してみてください。

許さないでいることで、
私たちはその人を

自分の不幸の責任者にしています。

わかりますか？　それが誰であれ、私たちはその人物を責任者にしてしまっている。それが意味するのは、私たちが自分の人生――つまりは自身の幸不幸――に、完全には責任を取っていないということです。私は不幸で、それは君のせいなのだから君が責任者だ。つまり、私は責任者ではないということ。では、あなた自身以外に、誰があなたを幸福にしてくれるのでしょう？

許すことは、ある意味では自身を愛することであり、また自身に責任を取ることでもあります。

その人を自由にしてあげましょう。「好きなところへ行きなさい、私は君をもう責めない」。そのようにする過程において、あなたは自分自身も自由にするのです。「私はもう自由に出かけて、やりたいと思うことがやれる」。許さないことは自傷行為です。他人を許さないでいることは自傷行為。さて、あなたはその人を許せるでしょうか?

自分が他人にどのように扱われてきたかということについて
いつまでも腹を立てたままでいたら、
人生に目的を感じることができなくなり、
また調和とバランスのとれた生活をすることも
できなくなります。

この考えを、心に深くなじませるようにしてください。自分が他人にどのように扱われてきたかということについて、いつまでも腹を立てたままでいたら、人生に目的を感じることができなくなり、また調和とバランスのとれた生活をすることもできなくなる。あなたは自分の人生を無駄遣いするのです。許さないでいることによって、あなたはスピリチュアルで慈愛に満ちた人として生きることができなくなる。スピリチュアルで慈愛に満ちた人として生きたいのであれば、あなたは許すことを学ばなければならないのです。許すことを学んでください。それは一種の学びなのです。

スピリチュアルであることは責任を取ること

スピリチュアルで慈愛に満ちた人であるということは、
あなたが自分の人生について、
完全な責任を取ることを要求されるということです。

ですから、自分自身に告げてください。「私は自分の人生に責任がある。私は自分の幸福に責任がある。私は自分の不幸に責任がある」。

許すことは、また寛大さでもあります。
許すためには、あなたはとても寛大である必要がある。

そう思いますか？　私は寛大だから、あなたを許す。許すことは高貴なこと。とても高貴なことなのです。ここである人の言ったことをご紹介しましょう。本当に素晴らしい言葉です。「張り合おうとしているうちは、誰に先んじることもできはしない」。張り合おうとすることによって、相手の前に出ることはできないのです。素晴らしいですね。こんな言葉に出会えることは実に稀です。こういうことを言うことができますか？　実に素晴らしい。本当に、宝石みたいに貴重な言葉です。

張り合おうとしているうちは、
誰に先んじることもできはしない。

若い頃、私が重要だと思っていたのは裁くことでした。何か間違ったことをした者は、誰であれ罰を受けるべきだと思っていたのです。しかし、人々を罰し続けることは、人生の無駄遣いです。既に死んでしまった人を、どうして罰することができるでしょうか?

怒りに勝つ唯一の方法

憎しみに対してできる、唯一の応答は愛なのです。

ブッダは、“Akkodhena jine kodhaṃ” と言いました。このパーリ語の偈《げ》を覚えている人はいますか? 『真理のことば(ダンマパダ)』にある偈です(訳注:“Akkodhena jine kodhaṃ, asādhuṃ sādhunā jine, jine kadariyaṃ dānena, saccenālikavādinaṃ.” 『ダンマパダ』第二二三偈より)。「怒らないでいることで、怒っている人に勝ったらいかがですか」。

“Asādhuṃ sādhunā jine” というのは、誰かがよい人間ではなくて、あなたを騙したりなどしかねない人であったとしても、誠実であること、親切であることによって、その人に勝つのだということです。勝利の道は、他にありません。同じことをしてやろうと張り合うならば、勝つことはできないのです。私は相手と対等にならなきゃいけない。私は正義を求める。この人物は罰されなくてはならない。これは勝利ではありません。実際のところ、許すことが勝つことなのです。そして、"Jine kadariyaṃ dānena"。一部の人はとてもけちで、人に何もあげようとはしません。そこでその人に与えることで、あなたは勝つのです。最後に"Saccenālikavādinaṃ"。嘘をつく人に、真実を言うことで勝つ。そんなわけで、これがブッダの説いた勝利の道です。実際、これが最上のやり方ですね。

許すことを、生き方のスタイルにしてください。
私たちはこれからも、傷つけるようなことを
言ったり行ったりするたくさんの人たちと、
毎日会うことがあるかもしれない。
どこへ行こうと、私たちは人々の中で生きてゆく。
そうして意識的であれ無意識的であれ、

互いに傷つけあうのです。
ですから、このことは私たちが死ぬまで
起こり続けるでしょう。

許すための心の準備

そのような世界の中で生きていくためには、自分の心、自分の態度を、どのように準備しておけばよいのでしょう?

心を育てましょう。ハートを大きくするのです。
度量をより大きくして
誰かが自分を傷つけるであろうことを知っていても

既にそれを許している状態になれるように。
傷つけられる前に、もう許している。
そうなれたら、どんなに素敵なことでしょう？

私は周囲に見える世界を
変えることはできないかもしれない。
しかし、私の中で世界がどんなふうに見えるかを、
変えることはできるのです。

これは素晴らしいことです！　だから私はこのことを学んでいます。私は周囲に見える世界を変えることはできないかもしれない。しかし、私の中で世界がどんなふうに見えるかを、変えることはできるのです。私の中で起こることは私の責任ですが、私にかかわらず起こることについては、できることはあまりない。

内側で起こることが私の責任で、それは変えることができるのです。少なくとも自分の心については、私にできることがある。

不幸というのは、選択です。私たちには選ぶことができる。あなたは不幸な人生を送り続けたいと思いますか？　それとも自由になりたいと思いますか？　皆さんが学ぶべき、とても大切なことですよ。許すこと、許すことです。では、しばらく瞑想してみましょう。

まず、意識を呼吸に集中してください。とてもリラックスして座ること。手足や顔を、リラックスさせておくのです。このことは何度もお話ししていますね。身体と心をリラックスさせておくことは、とても大切です。自由に座っていただいて構わないのですが、ただ可能な限りリラックスするようにしてください。手をこんなふうに置いてもいいです。そうして、顔と、舌もリラックスさせてください。私はざっと簡単にですが、こんなふうにやっています。目をリラックスさせ、唇をリラックスさせ、舌をリラックスさせる。顔と呼吸は自然にして、息を止めたりはしないこと。自然に、気軽に、楽に呼吸するようにしてください。

息を吸って、息を吐く。注意を払ってください。入って来る息に、その最初から終わりまで、完全な注意を払うのです。出て行く息にも、最初から最後までです。意識を鼻孔のあたりに留めてください。

思考が浮かんできたら、とても穏やかに、とても優しくその思考を観察して、それから意識を呼吸へと戻してください。さて、あなたが傷つけてしまった人のことを思い浮かべてみましょう。あなたはその人を傷つけるような何かを言った。あるいは視線だけでも、他者を傷つけることはあり得ますね。あなたは他者を傷つけるような、何事かをしたわけです。その人のことを考えてください。彼、もしくは彼女がどれほど傷ついたか。どんなふうに感じたか。

そのことを考えている時でも、心は可能な限り落ち着いた状態に保っておいてください。意識のうちで、もし心からそう言うことができるなら、「ごめんなさい。許してください」と、想像の中で言いましょう。しかし、もしできないなら、それでも構いません。ただ「できない」ということを認めてください。それは後になってから起こることなのかもしれませんからね。それは二十年後、三十年後のことかもしれない。その人のことを思い浮かべて、穏やかに、心から「ごめんなさい。許してください」と言いましょう。たとえ想像の中であっても、心からそのように言った時に、自分がどう感じるか見てみてください。心の中に、より広いスペースができたかどうか。そして心の中により広いスペースをつくったなら、意識を再び呼吸に留めて、心を落ち着いて安らぎに満ちた状態にしておいてください。

他者を許し、自分を許す

さて、あなたを傷つけた人のことを思い浮かべてみましょう。そうして、まずその傷を感じてみてください。どのように感じるでしょう？　あなたは傷ついたと感じている。怒りを感じている。なんで彼、もしくは彼女は、私にあんなことができたんだ？　そうしたら、その行為があなたにとって何であったかを見てみてください。誰かがあなたを傷つけ、あなたは傷ついたと感じている。それを不正だと感じているわけです。それは侵害。誰かがあなたを侵害した。それを確認したら、「自分は十分に強い」ということを、自分自身に告げましょう。私は十分に強くて、理解して許せるだけの、十分な度量をもっている。理解して許してください。私は君を許す。私は君を許すことを選ぶ。

さて、次はあなた自身を許す番です。あなた自身のことを思い浮かべてください。自分が行ったことで、自分自身を許せないことを思い浮かべるのです。あなたは正しく行わなかったことで自分を責め、失敗したことで自分を責め、許せないということについてさえ自分を責める。しかし、そこでとても落ち着いて穏やかな心でもって、あなた自身のことを思い浮かべ、そうして自身に、「私は私のことを許す」と告げるのです。私は、私自身であるところの人を愛する。そう言った時、心に何が起こるか見てみてください。それを受け容れることができますか？

私は私自身を許す。
私は私自身であるところの人を愛する。

私は学んで理解するためにここにいます。私は自分自身を含む全ての人を許すためにここにいます。私には、為すべきもっと重要なこともある。それは、自由へと向かって進むことです。全ての人を許すことで、私は全ての人を自由にします。私は自身の現状について、誰かを責任者として捕まえておいたりはしない。私は自分の人生を生きるに際して自由だし、自分のスピリチュアルな徳性を育むに際して自由です。私は大きく、私は強い。私は寛大であり、私は許します。

落ち着いて安らぎに満ちてある時は、あなたは自身の心を方向づけることができる。ですから、少なくともある程度の落ち着きと安らぎを育て、そうして自分の心を、健全な状態へと方向づけることが大切なのです。

まずは心を落ち着けるように努め、それから私が先ほど言ったように、許さないでいることがどれほど自身を傷つけているのかということを、まず見るようにしてください。それを最初に観察するのは、私たちがまず自分自身から出発するからです。ですから、許さないでいることが自分の人生をいかに制限しているかということ。それがどれほどの束縛であるかということ。そしてまた同様に、許さないでいることで、私たちが何を得ているのかも見てください。あなたは何かを得ている。少なくとも自分は何かを得ていると感じているのです。そのことを見てとるようにしてみましょう。そして、それは人生から得られる最上のものであるのかどうか？　張り合うことが？　罰することが？

ええ、それは実に悲しい行いですね。その人はもう死んでしまっているのに、あなたはその関係を終えられずにいる。その関係は終わっていない。完了していないのです。まずあなたはそのことをしなければならない。自分の感情にまずはふれて、自分がなぜ許せないのか、そこから何を得ているのかを知るのです。想像というのは本当に役に立つものですよ。想像であるということは、無益であることを意味しません。想像というのは本当に役に立つのです。想像の中において、その人と対話をしてみてください。その人と話をしてみて、自分が過去の件についてどう感じたかを、ありのままの気持ちで彼に対して告げるのです。そのことを続けてみましょう。すぐにはできないかもしれないけれど、とにかくやってみて、続けるのです。マインドフルネスをますます育てるにつれて、そして自分自身とその人をより受け容れられるようになるにつれて、許しは自然に起こるでしょう。

辛い経験があなたを成熟させる

私の過去については先ほどお話ししたとおりですが、私は誰についても、もう許す必要はありません。私はオーケーと言うことができる。それは私が学ばなければならないレッスンなのですから。そのように、あなたもその経験から何を学べるかを見てとるようにしてください。実際のところ、私たちはある種のテストを受けさせられてきた。あなたはテストされてきたのです。

学校のようなものですね。
よかれ悪しかれ、全ての経験はレッスンなのです。
あなたはその経験から、

何を学ぶことができるでしょうか？

私は人々に対してとてもオープンに、率直に語るものですから、かなり多くの人々について知ることになります。人々は私に、自分の物語を語る。時には同じ人のことを、長い、長い時間にわたって見ることになります。多くの年数、十年、十五年、二十年といった期間ですね。そんなわけで、私は彼らの物語、過去に何が起こったかについて多くを知ります。彼らは自分の問題を抱えて私のところにやってくる。彼らは傷ついており、ひどく、また尊敬を欠いたやり方で扱われてきており、そして罰を受けてきている。彼らはその人を憎んでおり、その関係をもう欲しておらず、その人と会いたくもないと思っている。私は彼らを、その経験から何事かを学び、その関係を保つためにベストを尽くせるよう励まします。そしてほとんどの場合、人々はその辛い関係、その辛い経験から何事かを学ぶ。そうすることで、彼らはよりよい人間になるのです。よりよい人間になった時、自分がそうなったということ、何かを学んだということ、より成熟したということに、彼らは深い満足をおぼえる。そうして、その学びについて満足し幸福に感じた時には、彼らはその人をもう憎んではいないのです。時に彼らは、その人に対してかなり同情的であると、私に語ることすらある。その彼や彼女は、未成熟で強くなく、むしろ多くの恐怖を抱えた非常に弱い人であったからこそ、彼らを傷つけるような行為をしたのですからね。そのように世界の捉え方が変わった現実の事例を、私はたくさん知っています。しかしながら、その全体について、いまお話しする時間はありません。多くの人々は、瞑想してますますマインドフルになり、落ち着いて安らぎに満ちた心になって、より深い洞察智を育てた時、自分の人生に、深い満足を感じています。その時に、彼らは本当に自分の人生に満足しているのです。そうして自分の人生に満足するようになった時、そこから過去に起こったことを振り返ってみると、そのように自分に起こった全てのことが、現在の地点に自分を連れてきてくれたということを、はっきりと理解するのです。

そうしたことは、どういうわけか必要だった。
あなたが自分の学びをするために。
あなたがいまのあなたになるために。

マインドフルであるしかない

そうしたことが起こるので、私は人々に、一日を通じて気づきと自覚を保つことの大切さを、思い起こしていただくように努めています。ですから、皆さんは二つのタイプの瞑想を実践する必要がある。一つは形式に則った座る瞑想であり、もう一つは日常における、形式をもたない瞑想の実践です。そんなわけで、少なくとも一定のレベルのマインドフルネスを、一日を通じて保つ習慣をつけてください。皆さんの心には、既に一定のレベルのマインドフルネスがあるのですから、苦しく困難な状況に直面した時であっても、反応しすぎることはありません。これは大切なことです。マインドフルでない時にストレスフルな状況にさらされると、あなたは自動的に反応してしまう。そして実際のところ、ストレスというのはある種の反応です。だから医学用語では、ストレスのことを「ストレス反応(stress reaction)」と呼ぶのです。

マインドフルである時は、
反応することが少なくなる。
あなたは状況に気づいているのです。
ですから、ただマインドフルであることによって、
あなたは自分のストレスレベルを
減少させることができる。

これは非常に有益なことです。
自分自身の気づきのレベルを、
ぜひ一日を通じて保つようにしてください。

このことを続けましょう。
とても大切なことですよ。
いまや人生はますますストレスフルになってきている。
マインドフルであるしかないのです。

訳者あとがき

本書はミャンマーのテーラワーダ（上座部）僧侶、サヤドー・ウ・ジョーティカ（Sayadaw U Jotika）の著作、“Dealing with Negativity & Aggravation, Forgiveness”の全訳です。「サヤドー」というのはミャンマーでの僧侶に対する一般的な敬称で、直訳すれば「尊師」という意味になりますから、以下では著者のことを「ウ・ジョーティカ師」と呼称することにいたします。

さて、本書の元になっているのは、オーストラリアはメルボルンにあるBuddhist Society of Victoria（ＢＳＶ）において、一九九七年に英語で行われた二つの法話です。二つというのは、もちろん「ネガティブなことへの対処法」と「許すこと」ですが、これらがまとめて一冊の書籍として、ミャンマーにて二〇一二年に右のタイトルで刊行され、本書はそれを底本として翻訳の作業を行いました。

ウ・ジョーティカ師は、一九四七年の生まれ。ミャンマーはモン州モーラミャインのご出身です。師はムスリムの家庭に育ち、シャン族の祖母をもち、ローマ・カトリックのミッション・スクールで教育を受け、大学で電気工学を学び、結婚して二人の娘さんをもうけ、後に出家してテーラワーダ僧侶になるという異色の経歴の持ち主で、現在はミャンマーのヤンゴンを拠点としつつ、しばしば他国で瞑想の指導もするという、国際的な活動をなさっています。

ウ・ジョーティカ師の著作はビルマ語では二十冊以上が出版されており、師自身の経歴からくる在家者の生活に対する細やかな理解や、その親しみやすい語り口により、とくにミャンマーの若者たちから絶大な支持を受けています。また、英語の著作も複数出版されておりまして、とくに友人たちへの私信を編んだ“Snow in the Summer”は世界中で広く読まれて師の令名を国際的に高からしめた著作であり、ウィパッサナー瞑想のマニュアルである“A Map of the Journey”は、その懇切かつ知的に質の高い解説により、各国の瞑想者たちのあいだに多くの愛読者をもっています。

本書はウ・ジョーティカ師の三冊目の英語著作に当たりますが、これは前述のとおり非仏教圏での、主には西洋人を対象とした法話ということで、仏教の難しい教理的な内容はほとんど含まれておらず、あくまで師自身が己の人生経験と瞑想の実践から学ばれてきた「明るく自由に生きるための処方箋」を、わかりやすく説いたものになっています。とくに、両親や娘さんとの関係について言及している「許すこと」の内容には、現代日本人でも共感する方々が多いのではないでしょうか。

仏教というと「悟り」を目指して世俗から離れ、厳しい自己鍛錬を積み重ねていく宗教というイメージがあり、それも一面では決して誤ってはいないのですが、他方、仏教には在家者や、あるいは非仏教徒であっても自らの日常生活に役立てることのできるような「生きるための智慧」を説き、やさしい「心の処方箋」を人々に示す側面もきちんとあります。

本書において、ウ・ジョーティカ師は一般の聴衆と対話を重ねながら、マインドフルネス（気づきを保っておくこと）という仏教の基本的かつ核心的な実践を、いかに私たちが日常生活において活かしていくことができるかという点について、自らの経験を踏まえながらわかりやすく語られています。この二つの法話にふれることが、読者の皆様にとって、それぞれの人生を心明るく平静に、そして何よりも自由に過ごされることに繋がるならば、訳者としてこれほど嬉しいことはありません。

本書は新潮社の三辺直太さんのご助力によって出版が実現しました。ありがとうございます。また、出版の許可をくださり、現在でも折にふれて私の個人的な相談にも応じてくださるウ・ジョーティカ師と、本書を手にとってくださった読者の皆様にも改めて感謝を申し上げます。皆様の日々が、これからもマインドフルで美しいものでありますように。

二〇一五年三月　ヤンゴンにて　　魚川祐司

ゆるす　読《よ》むだけで心《こころ》が晴《は》れる仏教《ぶっきょう》法話《ほうわ》

著　者………………ウ・ジョーティカ

訳　者………………魚川祐司《うおかわゆうじ》

発　行………………2015年4月25日
4　刷………………2022年7月5日

発行者………………佐藤隆信
発行所………………株式会社新潮社
〒162-8711 東京都新宿区矢来町71
電話　編集部 03-3266-5411
　　　読者係 03-3266-5111
http://www.shinchosha.co.jp
印刷所………………大日本印刷株式会社
製本所………………加藤製本株式会社

乱丁・落丁本は、ご面倒ですが小社読者係宛お送り下さい。
送料小社負担にてお取替えいたします。価格はカバーに表示してあります。

ISBN978-4-10-506871-4　C0015